Zu diesem Buch

22 weitere und heitere Szenen mit einem aufgeweckten Lausejungen und einem typisch selbstzufriedenen Vertreter der älteren Generation. Vergnügliche Dialoge von tieferer Bedeutung zwischen Vater und Sohn, die ursprünglich Millionen Hörer und Hörerinnen, kleine und große, sonnabends um 10 Uhr das UKW-Programm des Norddeutschen Rundfunks und später auch andere Sender einstellen ließen. Regelmäßig und entzückt fragten diese dann an, ob man die frechen Texte auch kaufen könne. Nach dem ersten, überaus erfolgreichen Band «Papa, Charly hat gesagt...» (rororo Nr. 1849) liegen nun auch die von so vielen Lesern erhofften Fortsetzungen Bd. 2 und Bd. 3 (rororo Nr. 4362) vor.

Mit entwaffnend logischen Fragen zum Alltag in der Bundesrepublik bringt hier ein achtjähriger Pfiffikus seinen mürrischen Vater in Verlegenheit. An Themen ist kein Mangel, an kindlich-schlauem Hintersinn sowie väterlicher Selbstherrlichkeit auch nicht (schließlich ist er Beamter). So unterhalten sich die beiden beispielsweise über Aufklärung und öffentliche Kinderspielplätze, über Frauengruppen und die «öde Gleichmacherei», wie der Vater das nennt. Er mag das alles nicht besonders – neumodisches Zeug, denkt er wie weiland Ekel Alfred, mit dem er in manchem ein Herz und eine Seele war.

Aber er ist nicht gegen alles, keineswegs. Es ist unrichtig, daß der Vater immer dagegen ist. Wahr ist vielmehr, daß er zum Beispiel für Privatpatienten, elegante Garderobe im Theater, rasende Autofahrer oder für Steuerungerechtigkeiten ist ... So spiegelt sich in diesen amüsanten Gesprächen zwischen Vater und Sohn auf verblüffende Weise ein Stück Wirklichkeit der Bundesrepublik wider.

«Papa,
Charly hat gesagt...»

Weitere Gespräche
zwischen Vater und Sohn

Band 2

Rowohlt

Nach einer Idee von Klaus Emmerich und Ingrid Hessedenz
Umschlagentwurf Dietrich Lange

1.– 40. Tausend Mai 1977
41.– 55. Tausend Oktober 1977
56.– 75. Tausend März 1978
76.–105. Tausend Oktober 1978
106.–135. Tausend April 1979
136.–165. Tausend Oktober 1979

Veröffentlicht im Rowohlt Taschenbuch Verlag GmbH,
Reinbek bei Hamburg, Mai 1977
Copyright © 1975 by Fackelträger-Verlag Schmidt-Küster GmbH,
Hannover
Satz Aldus (Linotron 505 C)
Gesamtherstellung Clausen & Bosse, Leck
Printed in Germany
380-ISBN 3 499 14071 3

Inhalt

Taschengeld-Inflation
Ingeburg Kanstein   7

Bestimmungen muß man nicht halten
Ingeburg Kanstein   13

Die Freiheit wagen
Eugen Helmlé   19

Wir adoptieren nicht!
Ingrid Hessedenz   27

Rostige Rüstung
Eugen Helmlé   33

Spielplatz
Ingrid Hessedenz   41

Warten im Wartezimmer
Rudolf Schlabach   49

Mode
Anne Dorn   57

Charlys Tante
Wolfgang Hahn   63

Wandschmuck
Heinz Hostnig   69

Arbeitgeber als Arbeitnehmer
Eugen Helmlé   75

Kavalier der Straße
Ingeburg Kanstein   81

Schiller ist's egal
Ursula Haucke   87

Die Datenbank
Eugen Helmlé   95

Hausarbeit ist keine Arbeit
Eugen Helmlé   103

Auszubildende Stifte
Lothar Beckmann   109

Die Würde des Menschen
Ilse Bock   113

Leistungsvergleich
Eugen Helmlé   119

Charly hat auch eine Schwester
Ingrid Hessedenz   125

Süßer die Glocken selten klingen
Ingrid Hessedenz   133

Jeder ist sich selbst der Nächste
Eugen Helmlé   141

Sexualität
Eugen Helmlé   149

Taschengeld-Inflation
Ingeburg Kanstein

Der Fernseher läuft. Thema: Geldentwertung.

SOHN: Du, Papa?
VATER: Sei doch still, ich will das hören!
SOHN: Du, Papa!
VATER: Hab ich dir nicht schon oft gesagt, daß du still sein sollst, wenn ich mir eine Sendung ansehe?

Die Sendung ist aus.

SOHN: Boing! – Du, Papa, Charly hat gesagt, sein Vater hat gesagt, daß man für sein Geld bald nichts mehr kaufen kann . . .
VATER: Da hat er leider recht!
SOHN: Wenn man für sein Geld nichts mehr kaufen kann, ist es dann nicht überflüssig?
VATER: Schön wär's, aber so hat das Charlys Vater sicher nicht gemeint.
SOHN: Wie denn?
VATER: Charlys Vater wollte damit nur sagen, daß immer

alles teurer wird und unsere DM fast nur noch die Hälfte wert ist.

SOHN: Aber dafür kriegt ihr doch immer die Gehaltserhöhung, nicht?

VATER: Schon, aber die gleicht die Teuerung nicht aus. Und außerdem ist das eine ewige Spirale: Lohnerhöhung, Preiserhöhung usw. Und der kleine Mann kommt dabei immer zu kurz.

SOHN: Das hat Charlys Vater auch gesagt, daß der kleine Mann immer der Dumme ist.

VATER: Da sollte sich Charlys Vater mal an die Gewerkschaft wenden. Die treibt doch die Löhne immer weiter hinauf und heizt dadurch den Konsum an, statt die Arbeiter ein bißchen kurzzuhalten und zum Sparen zu zwingen.

SOHN: Meinst du das so, wie du's mit meinem Taschengeld machst?

VATER: Erraten, mein Lieber. Genauso meine ich das.

SOHN: Wenn du die Gewerkschaft wärst, aus der würde ich austreten.

VATER: Kannst du aber nicht. Du bist auf mich angewiesen.

SOHN: Ich soll sparen – aber du?

VATER: Na, hör mal!

SOHN: Du verzichtest ja auch nicht auf dein Bier und deine Zigaretten.
Du konsumierst weiter.

VATER: Das wäre ja noch schöner, wenn ich mir nicht mal mehr ein Bier zum Feierabend leisten dürfte . . .

SOHN: Brauchst du das Bier unbedingt zum Leben?

VATER: Natürlich nicht. Trotzdem möchte ich nicht darauf verzichten, denn ein Glas Bier ist doch das mindeste, was man sich leisten können muß.

SOHN: Mußt du das auch von deinem Taschengeld bezahlen?

VATER: Was?

SOHN: Dein Bier! Weil du es doch nur zu deinem Vergnügen trinkst. Und ich krieg doch auch mein Taschengeld, damit ich mir mal was kaufen kann, was ich nicht unbedingt brauche, aber gern haben möchte.

VATER: Das ist doch etwas ganz anderes. Du bekommst dein Taschengeld, damit du lernst, mit Geld überhaupt umzugehen – zwischen Bedürfnissen und Möglichkeiten abzuwägen.

SOHN: Und du?

VATER: Ich – was geht es dich an, was ich mit meinem Taschengeld mache?

SOHN: Sag doch mal – nur so zum Spaß.

VATER: Also – ich kaufe mir davon zum Beispiel Zigaretten.

SOHN: Das stimmt nicht!

VATER: Was stimmt nicht?

SOHN: Zigaretten kauft dir Mami.

VATER: Nun sei mal nicht so kleinlich. Manchmal bringt sie mir welche mit – aber dafür kriegst du doch ab und zu eine Tafel Schokolade extra, oder?

SOHN: Stimmt. Und was machst du noch mit deinem Taschengeld?

VATER: Ich – na ja – ich lade Mami zum Beispiel ins Kino ein.

SOHN: Ich denke, das zahlt Mami vom Haushaltsgeld?

VATER: Wie kommst du denn darauf?

SOHN: Weil es am nächsten Tag immer Eintopf gibt, darum.

VATER: Ach, so meinst du das. Na ja, manchmal habe ich eben nicht genug Geld bei mir, und dann legt Mami was dazu.

SOHN: Vom Haushaltsgeld?

VATER: Ja.

SOHN: Kriegt Mami denn kein Taschengeld?

VATER: Wozu? Sie kann sich doch alles kaufen, was sie braucht.

SOHN: Und wenn sie mal einen besonderen Wunsch hat?

VATER: Das ist doch ganz etwas anderes. Dann besprechen wir das gemeinsam, ob wir uns das leisten können.

SOHN: Ihr habt's gut!

VATER: Nun hör mal, was soll denn das schon wieder? Schließlich wird das dann von unserem gemeinsamen Familienkonto bezahlt.

SOHN: Ja eben. Ihr habt immer noch eine Möglichkeit, euch eure Wünsche zu erfüllen.

VATER: Du willst doch schon wieder auf etwas ganz Bestimmtes hinaus?

SOHN: Na ja, ich meine, ihr könnt euch doch immer alles leisten, egal, ob alles teuer wird oder nicht?

VATER: Na, na, so einfach ist das ja doch nicht.

SOHN: Aber was würdest du tun, wenn du dir wirklich dein Bier nicht mehr kaufen könntest?

VATER: Nun hör doch endlich auf, mir mein Bier vorzuwerfen, was soll denn das? Gönnst du es mir etwa nicht?

SOHN: Doch, doch – ich meine ja nur, stell dir vor, es würde so teuer, daß du es dir nicht mehr kaufen könntest. Was dann?

VATER: Na, also, da würde ich ganz schön auf die Barrikaden gehen.

SOHN: Und wie würdest du das machen?

VATER: Ich – ja, ich weiß nicht – ich würde mich weigern, den Preis zu zahlen.

SOHN: Nutzt nichts, was dann?

VATER: Willst du das jetzt mit mir durchspielen?

SOHN: Ja, nur so zum Spaß – was dann?

VATER: Ich – würde versuchen, klarzumachen, daß ich ein Recht auf mein Bier habe.

SOHN: Nutzt nichts – und dann?

VATER: Du meine Güte, was du für Einfälle hast – ich würde mich mit anderen Leuten zusammentun und protestieren.

SOHN: Hilft auch nicht, wenn du nicht bezahlen kannst – weiter?

VATER: Also, wenn all das nichts nützt, würde ich eine Gehaltserhöhung fordern.

SOHN: Daraus wird schon gar nichts – dein Chef sagt, du mußt versuchen, mit deinem Geld auszukommen – so oder so . . .

VATER: Also, jetzt hör auf mit dem Quatsch!

SOHN: Siehst du, jetzt sagst du, hör auf mit dem Quatsch – und ich wollte mir neulich eine neue Kassette kaufen, und da war sie plötzlich vierzig Pfennige teurer . . .

VATER: Aha – und weiter?

SOHN: Ich habe mich geweigert, den Preis zu zahlen.

VATER: Gut.

SOHN: Ich habe erklärt, daß ich die Kassette brauche – nichts!

VATER: Was nichts?

SOHN: Ich habe sie trotzdem nicht bekommen.

VATER: Klar.

SOHN: Eben, du hast das ja vorhin auch erklärt. Ich habe mich mit Charly zusammengetan und protestiert.

VATER: Sehr gut, mein Junge. Ihr habt euch hoffentlich diszipliniert verhalten?

SOHN: Hat trotzdem nichts genützt. Sie haben uns aus dem Kaufhaus rausgeworfen.

VATER: Jetzt bin ich aber gespannt.

SOHN: Dann bin ich zu dir gekommen – weißt du noch? Ich wollte mehr Taschengeld haben – aber du hast gesagt, ich müsse mit meinem Geld auskommen – so oder so.

VATER: Und wie geht die Geschichte nun weiter?

SOHN: Wir haben sie geklaut.

VATER: Wie bitte?

SOHN: Wir haben sie geklaut. Was sollten wir sonst tun?

Der Vater ringt nach Luft.

VATER: Also – also mir fehlen die Worte. Du hast in einem Kaufhaus eine Kassette gestohlen. Mit deinem sauberen Freund Charly? Das ist ja eine schöne Geschichte.

SOHN: Ich weiß nicht. – Sie haben uns erwischt.

VATER: – – – So!

SOHN: Ja – ich dachte, es ist besser, du weißt es – weil . . . Mama traut sich nicht, es dir zu sagen.

VATER: Also – jetzt – ich bemühe mich, ruhig zu bleiben. Bitte, sag mir, was ich jetzt mit dir machen soll?

SOHN: Ich dachte, das wär' nun klar:
Ich brauche einfach mehr Taschengeld!

Bestimmungen
muß man nicht halten
Ingeburg Kanstein

Vater und Sohn waschen ab.

SOHN: Hier, das ist noch nicht sauber, das mußt du noch mal machen!

VATER: Na, gib schon her . . .

SOHN: Soll ich das nicht lieber machen? Und du trocknest?

VATER: Nun hör schon auf – und mach weiter. Morgen kannst du abwaschen.

SOHN: Papa . . .

VATER: – alles so eingetrocknet, verdammt . . .
Hm?

SOHN: Sag mal, ist es wahr, wenn einer aus dem Gefängnis kommt, daß er dann erst bestraft wird?

VATER: Was? Wie kommst du denn darauf?

SOHN: Charly hat gesagt, sein Vater hat gesagt, wenn einer was verbrochen hat und im Gefängnis war und dann rauskommt, dann fängt für ihn die Strafe an!
Du mußt das erst noch abspülen, hat Mami gesagt!

Der Vater dreht den Wasserhahn auf.

VATER: Ja, schon gut – wozu macht sie sich bloß die viele Arbeit. Hat wohl sonst nicht genug zu tun?

SOHN: Sonst bleibt doch das ganze Spülmittel hängen! Stimmt das, Papa?

VATER: Was?

SOHN: Was Charlys Vater sagt.

VATER: Ach so – nein, natürlich nicht.

SOHN: Und warum sagt es Charlys Vater?
Bei der Schüssel mußt du . . .

VATER: Mein Gott, mußt du mich immer belehren? Das seh ich doch selber.

SOHN: Die ist ganz empfindlich, hat Mami gesagt – und weil du dich nicht auskennst, hat sie gesagt!

VATER: So!

SOHN: Papa – warum sagt Charlys Vater denn, daß die Strafe erst anfängt, wenn einer aus dem Gefängnis kommt? Wenn es nicht stimmt?

VATER: Weiß ich nicht! – Haben wir jetzt alles?

SOHN: Die Töpfe – da . . .
Charly sagt, sein Vater sagt, daß so ein armer Entlassener dann nicht mehr arbeiten darf!

VATER: Ach so meint er das. Na, paß mal auf, ich werde dir das erklären: Wenn ein Mann, der etwas verbrochen hat, erwischt wird und seine Strafe abgesessen hat, dann ist er wieder ein ganz normaler Mensch, verstehst du? Dann kann er arbeiten und tun und lassen, was er will.

SOHN: Du mußt den Kratzer nehmen – hier . . .

VATER: Was? Ach so – ja . . .

SOHN: Aber Charly sagt . . .

VATER: Wart's doch ab! Also, was Charly meint, ist folgendes: Viele Arbeitgeber, also Firmeninhaber, die wollen nicht gern entlassene Gefangene einstellen . . .

SOHN: Und warum nicht, wenn es doch wieder ganz normale Menschen sind?

VATER: Sie fürchten sich, daß so ein Mensch rückfällig wird.

SOHN: Und das sagen sie ihm, wenn er dort arbeiten will?

VATER: Nein, das dürfen sie nicht.

SOHN: Aber sie lassen ihn nicht arbeiten, hm?

VATER: Nein, sie sagen irgend etwas anderes, verstehst du?

SOHN: Hm – und der nächste sagt wieder etwas anderes?

VATER: Ja.

SOHN: Und der nächste auch wieder?

VATER: Nun ja, das kann vorkommen.

SOHN: Dann hat Charlys Vater doch recht!

VATER: Wieso?

SOHN: Na, daß die Strafe dann erst anfängt!

VATER: Mein Gott, das hab ich dir doch eben erklärt!

SOHN: Ja, aber Charlys Vater hat es besser erklärt!

VATER: Jetzt verstehe ich dich überhaupt nicht mehr.

SOHN: Also das ist doch so: Wenn ein Einbrecher oder so aus dem Gefängnis kommt, dann hat er doch nicht viel Geld?

VATER: Ja.

SOHN: Hier – die Pfanne . . .
Und wenn er dann Geld verdienen will, dann kriegt er keine Arbeit, das hast du doch gesagt?

VATER: Das kann vorkommen, habe ich gesagt . . .

SOHN: Ja, und wenn er dann kein Geld mehr hat, aber Hunger, dann kann er sich nichts kaufen, und dann muß er es stehlen, und dabei wird er wieder erwischt und kommt wieder ins Gefängnis. Und darum fängt die Strafe erst richtig an, wenn so einer aus dem Gefängnis kommt, verstehst du?

VATER: Was heißt: verstehst du? Natürlich verstehe ich. Aber das ist doch nicht richtig. Schließlich wird heute eine ganze Menge getan, um den Straffälligen zu resozialisieren.

SOHN: Was heißt denn das?

VATER: Na, siehst du, das kann dir Charlys Vater nicht erklären.

SOHN: Ich habe ihn ja nicht gefragt!

VATER: Also: Resozialisieren heißt: – sind wir jetzt fertig?

SOHN: Ja – gleich, du mußt den Herd noch abwischen. Das macht Mami auch immer.

VATER: So! Na gut. Also hör zu: Resozialisieren heißt: Wiedereingliedern der entlassenen Gefangenen in die Gesellschaft.

SOHN: Hier auch noch. Und was heißt das?

VATER: Sage ich dir doch: Dafür sorgen, daß die Entlassenen wieder in die Gesellschaft integriert werden.

SOHN: Inter – waaas?

VATER: Mein Gott, ihnen helfen, daß sie sich im Leben wieder zurechtfinden. Also, eine Wohnung finden, Freunde, Arbeit – und was so dazugehört.

SOHN: Und wer hilft ihnen dabei?

VATER: Na, irgendwelche Leute – Bewährungshelfer, Freiwillige.

SOHN: Und wenn nun so ein – wie heißt das, Papa?

VATER: Bewährungshelfer!

SOHN: Ja, wenn nun so ein Bewährungshelfer mit einem, der aus dem Gefängnis kommt, zu euch kommt und fragt, ob er bei euch arbeiten kann, kann er das dann?

VATER: Nun, das kann ich nicht entscheiden. Du weißt, ich bin Beamter und beim Staat angestellt.

SOHN: Ja, aber wenn nun so ein Bewährungshelfer den Staat fragt, ob der Gefangene, wenn er entlassen ist, bei euch arbeiten kann . . .?

VATER: Ja, weißt du, das ist nicht so einfach. Für Beamte gelten besondere Bestimmungen.

SOHN: Ah – ja. Und in diesen Bestimmungen steht, daß so ein Mann bei euch nicht arbeiten darf?

VATER: Nein! Mein Gott, von all dem verstehst du doch nichts.

SOHN: Aber Charly hat gesagt, sein Vater hat gesagt, wenn man etwas nicht weiß, dann muß man fragen, damit man etwas davon versteht.

VATER: Ist ja schon gut! Also, paß auf: es gibt auch bei uns, also im Staatsdienst, neue Bestimmungen und auch schon Versuche, entlassene Strafgefangene zu übernehmen . . .

SOHN: Aber nicht so gerne, hm?

VATER: Nein, natürlich nicht!

SOHN: Also, das finde ich komisch!

VATER: Was ist denn daran komisch?

SOHN: Na ja, daß ausgerechnet der Staat, der doch sagt, daß man diese Leute wieder einstellen soll, das nicht gerne tut. – Und wenn du nun zu bestimmen hättest; würdest du ihn gerne einstellen?

VATER: Nein!

SOHN: Siehst du – und du sagst, daß ein Mann, der aus dem Gefängnis kommt, wieder ein ganz normaler Mensch ist. – Warum dann nicht bei dir?

Die Freiheit wagen
Eugen Helmlé

SOHN: Papa, Charly hat gesagt, sein Vater hat gesagt, Freiheit bringt ihm nichts ein, wenn . . .

Klopfen. Ein Nagel wird eingeschlagen.

VATER: Ja, wenn . . .?
SOHN: Ich weiß nicht mehr, laß mich mal überlegen.
VATER: Dann überlege. Und laß dir Zeit. Solange habe ich wenigstens meine Ruhe.

Klopfen.

VATER: Au! Herrgott . . .
SOHN: Du sollst den Namen des Herrn . . .
VATER: Wenn du nicht gleich den Mund hältst, passiert was.
SOHN: Haben wir aber neulich erst in der Schule gelernt. Im Religionsunterricht. Und da muß ich ja rein, weil du gesagt hast . . .
VATER: Komm, reich mir mal einen Nagel rüber, in der Dose dort sind welche.

SOHN: Ist der richtig?

VATER: Ja, gib her.

SOHN: Du müßtest sehen, daß du auf eine Fuge kommst, Papa. Und vor allem nicht nervös werden. Immer mit der Ruhe, wie Charlys Vater sagt.

VATER: Das sagt ausgerechnet der!

Klopfen.

SOHN: Du, Papa, jetzt weiß ich wieder, was Charlys Vater über die Freiheit gesagt hat.

VATER: Muß das unbedingt jetzt sein?

SOHN: Sonst hab ich's wieder vergessen.

VATER: Na, dann pack schon aus.

Lautes Klopfen.

SOHN: Nö, du mußt aufhören. Ich verstehe ja mein eigenes Wort nicht, wenn du so laut klopfst.

Der Vater hört auf zu klopfen.

VATER: Ich höre.

SOHN: Ja, Charlys Vater hat gesagt, was nützt ihm die schönste Freiheit, wenn er dabei verhungert.

VATER: Richtig! Bei uns verhungern ja auch so viele.

SOHN: Vielleicht hat er auch gesagt, wenn er dabei am Hungertuch nagen muß.

VATER: Am Hungertuch nagen! Noch nie und wohl auch nirgends ist es dem Arbeiter so gutgegangen wie heute bei uns.

SOHN: Soll's ihm nicht so gutgehen?

VATER: Freilich soll's ihm gutgehen. Aber dann kann man doch nicht vom Hungertuch reden.

SOHN: Charlys Vater hat noch gesagt, auch die Freiheit hat zwei Seiten.

VATER: Aha, Charlys Vater hat einen neuen Spruch.

SOHN: Du, Papa, was ist denn Freiheit genau?

VATER: So einfach läßt sich das nicht sagen. Das kommt ganz auf den Standpunkt an.

SOHN: Du meinst, auf welcher Seite man steht?

VATER: Ja, wenn du so willst.

SOHN: Dann hat die Freiheit also doch zwei Seiten?

VATER: Die Freiheit hat viele Seiten.

SOHN: Ach ja, wie ein Kubus. Nehmen wir gerade in der Schule durch.

Was ist Freiheit also?

VATER: Auf die knappste Formel gebracht, kann man sagen, daß Freiheit der Zustand der Unabhängigkeit von Zwang ist.

SOHN: Heißt . . . das . . . wenn man frei von Zwang ist, das ist Freiheit, ja?

VATER: Richtig.

SOHN: Wer also arbeiten muß, der ist unfrei, und wer nicht arbeiten muß, der ist frei.

VATER: So einfach ist das mit der Arbeit nicht.

SOHN: Hat Charly aber gesagt.

VATER: Arbeit kann auch frei machen.

SOHN: Was denn und wo?

VATER: Wann und wo, tja, also, du zum Beispiel, du bist zur Zeit noch von deinen Eltern abhängig, ja?

SOHN: Leider!

VATER: Laß deine dummen Bemerkungen. Und du wirst es noch lange sein, noch mit zwanzig, fünfundzwanzig, wenn

21

du studierst. Wenn du aber arbeitest . . .

SOHN: Ist studieren nicht arbeiten? Du sagst doch immer, das sei Kopfarbeit.

VATER: Natürlich. Ich meine ja, wenn du arbeitest und Geld verdienst.

SOHN: Dann hat Freiheit also mit Geld zu tun?

VATER: Sicher hat sie das.

SOHN: Und je mehr Geld du für deine Arbeit bekommst, um so mehr Freiheit hast du. Dann hat Charlys Vater also doch recht.

VATER: Nein. Jetzt laß mich endlich mal ausreden oder frag nicht, wenn du doch alles besser weißt.

SOHN: Ich sag ja nichts mehr.

VATER: Wenn du also arbeitest und Geld verdienst, bist du nicht mehr abhängig, dann bist du frei.

SOHN: Ja? Weil, Charlys Vater sagt nämlich, wer arbeiten muß, um sich seinen Lebensunterhalt zu verdienen, der ist nie frei, und deshalb kann ihm die Freiheit gestohlen bleiben, sagt er.

VATER: Solange ein Mensch zwei gesunde Arme hat und vor allem, solange er sich seinen Arbeitsplatz selber aussuchen kann, solange ist er frei.

SOHN: Charly sagt, wenn er seinen Arbeitsplatz verliert und er liegt auf der Straße, dann nützt ihm seine ganze Freiheit nichts.

VATER: Damit hat Charly vorläufig noch keine Sorgen.

SOHN: Aber sein Vater.

VATER: Wer wirklich was leistet, fliegt nicht auf die Straße, und wenn, bleibt er nicht lange auf der Straße liegen.

SOHN: Und wer nichts leistet?

VATER: Wer nichts leistet, kann auch nichts verlangen. Das

ist nun mal so.

SOHN: Dann ist Freiheit nur für die, die was leisten? Und wer nichts leistet, nagt am Hungertuch?

VATER: Nagt am Hungertuch! Wenn ich so was höre! Dabei sind wir immer mehr auf dem Weg zum Wohlfahrtsstaat. Es will ja schon keiner mehr was arbeiten.

SOHN: Du, Papa, wie ist das, wenn Beamte nichts leisten?

VATER: Es gibt keine Beamten, die nichts leisten.

SOHN: Neulich hast du gesagt, in eurer Abteilung ist einer, der liest jeden Tag zwei Stunden die Zeitung im Büro. Warum wird der nicht entlassen, obwohl er weniger arbeitet?

VATER: Weil er Beamter auf Lebenszeit ist.

SOHN: Sind die Beamte, solange sie leben?

VATER: Ja.

SOHN: Und die können nicht auf die Straße fliegen?

VATER: Nein.

SOHN: Und wenn's mal keine Arbeit mehr gibt für die Beamten?

VATER: Auch dann nicht. Außerdem gibt's für Beamte immer Arbeit.

SOHN: Und wenn er die Zeitung liest wie dein . . . Gut, gut, ich will ja nichts gesagt haben.

Klopfen.

SOHN: Du, Papa, dann werden Beamte nie arbeitslos?

VATER: Nein.

SOHN: Aber Arbeiter, die können?

VATER: Ja.

SOHN: Weil die weniger leisten?

VATER: Nein, sondern weil in der Privatwirtschaft andere Gesetze gelten.

SOHN: Was ist das für eine Wirtschaft?

VATER: Wenn die Produktionsmittel . . . also die Fabriken und so . . . das verstehst du doch?

SOHN: Klar!

VATER: Wenn die also privates Eigentum sind, dann spricht man von Privatwirtschaft!

SOHN: Und was für Gesetze gelten da?

VATER: Die Gesetze der Leistung. Auf ihnen beruht unsere freiheitliche Grundordnung.

SOHN: Charly sagt, Leistung ist . . .

VATER: Ja, den kenn' ich, den Spruch vom Leistungsterror.

Klopfen. Unterdrücktes Fluchen.

SOHN: Hast du wieder mal danebengehauen?
    Mach dir nichts draus. Das kommt jedem mal vor.

VATER: Rede nicht so viel und gib mir lieber noch einen anderen Nagel.

SOHN: Hier.
    Aber wenn du die Fuge nicht findest, dann haust du den auch wieder krumm.

Klopfen.

SOHN: Du, Papa, wenn Beamte nicht entlassen werden können, dann haben sie bis an ihr Lebensende ein sicheres Einkommen?

VATER: Ja. Warum fragst du?

SOHN: Weil, Charly hat gesagt, sein Vater hat gesagt, wer frei ist von Geldsorgen oder wer ein sicheres Einkommen hat, für den ist Freiheit vielleicht was wert.

VATER: Ach, und für Charlys Vater ist sie nichts wert?

SOHN: Weiß ich nicht. Nur Charly sagt, sein Vater sagt, wenn er zu wählen hat zwischen Freiheit und Sicherheit, zieht er die Sicherheit vor. Ihm ist nämlich lieber, es ist immer was in der Lohntüte und er kriegt sich und seine Familie über die Runden, sagt er.

VATER: Klar. Weiter als bis zur Nasenspitze denken die ja nicht.

SOHN: Weißt du, was Charlys Vater noch gesagt hat? Freiheit, hat er gesagt, das ist für ihn, wenn er am Freitag abend mal für zwei Tage die Fließbandarbeit hinter sich lassen kann.

VATER: Sicher, nichts Angenehmes, diese Fließband- oder Akkordarbeit, aber dafür hat er bei uns die Freiheit, seinen Arbeitsplatz zu wechseln, die er drüben nicht hat.

SOHN: Wo drüben?

VATER: Im Osten.

SOHN: Weiß ich nicht.

Charly sagt, hier gibt's zwar Freiheit, aber die ist ungleich verteilt.

VATER: Die Freiheit ist für alle gleich. Man kann sie weder kaufen noch teilen.

SOHN: Weil, Charly sagt, wenn einer Geld hat, kann er sich mehr Freiheiten erlauben.

VATER: Klar, wer sich nur für seine Lohntüte interessiert, für den ist Freiheit ein entbehrlicher Luxus.

SOHN: Charlys Vater sagt, wer nur seine Lohntüte hat, von der er lebt, interessiert sich halt dafür, was drin ist.

VATER: Er braucht ja nur mehr zu leisten, dann hat er auch mehr drin.

SOHN: Ist er dann freier?

VATER: Natürlich.

SOHN: Hat Freiheit also doch was mit den Kohlen zu tun?

VATER: Mit den Kohlen?

SOHN: Ich meine, mit der Lohntüte.

VATER: Nein, hat sie nicht. Aber sie hat was mit Risikofreudigkeit zu tun, und die fehlt Charlys Vater.

SOHN: Was ist Risikofreudigkeit?

VATER: Der Mut zum Wagnis, der eben in unserer freiheitlichen Gesellschaftsordnung dazugehört. Au.

Unterdrücktes Fluchen.

SOHN: Du, Papa, sind Beamte sehr risikofreudig?

VATER: Warum?

SOHN: Ich meine nur; weil da nämlich viel Mut zum Wagnis dazugehört, wenn jemand wie du einen Hammer in die Hand nimmt, der nicht damit umgehen kann.

Wir adoptieren nicht!
Ingrid Hessedenz

Vater und Sohn spielen mit der Eisenbahn.

SOHN: Papa, Charly hat gesagt, sein Vater hat gesagt, es gibt genug Kinder. Man braucht keine mehr zu bekommen.

VATER: Reich mir mal das Krankenhaus rüber.

SOHN: Hier.
Mensch, das kannst du doch nicht direkt neben die Schienen stellen. Da wachen ja alle Kranken auf, wenn der Zug vorbeifährt.

VATER: Du stellst Ansprüche. Gut. Also mitten auf den Berg – reine Luft, dafür kommt kein Arzt hoch.

SOHN: Aber klar. Da oben ist doch die Bergstation. Man kann zu Fuß hingehen. Du kannst das nicht. Laß mich weiterbauen.

VATER: Ganz wie der Architekt befiehlt. Soll sich der Techniker mit den Schienen befassen?

SOHN: Okay.

VATER: Na also. Dafür braucht mich der Herr Sohn doch noch.

SOHN: Charly kann das auch.

VATER: Charly. Warum läßt du dir dann nicht von Charly helfen?

SOHN: Der hat keine Zeit. Charly guckt sich das neue Baby an.

VATER: Was? Hat Charly ein Geschwisterchen bekommen?

SOHN: Nein. Charlys Tante hat eins aus dem Heim geholt. Charly hat gesagt, sein Vater hat gesagt, wie das heißt, aber Charly hat es vergessen.
Wie heißt das denn?

VATER: Adoptieren.

SOHN: Hm. Das war es wohl.
Wo hast du denn die Sitzbänke hingestellt?

VATER: Vor das Rathaus.

SOHN: Ach, die mußt du doch wo hinstellen, wo die Leute spazierengehen. An den See und auf den Berg, auf den Spielplatz und in den Park, und so.

VATER: Sohnemann, du vergißt, daß wir weder einen See noch einen Park, noch einen Spielplatz haben.

SOHN: Kann man doch hinmalen.

VATER: Es ist nicht genug Platz da.

SOHN: Wieso?

VATER: Siehst du denn nicht, daß alles bebaut ist?

SOHN: Ich nehme halt was weg. Die Bank, eine von den drei Fabriken und das Spielcasino. Da kommt der Spielplatz hin.

VATER: Mach mal Platz. Ich will die Teilstrecke ausprobieren.

Die Eisenbahn fährt ein kurzes Stück.

VATER: Gut.

SOHN: Papa, wann kriegen wir denn ein Baby?

VATER: Wir haben dir schon gesagt, daß das nicht mehr geht.

SOHN: Wieso?

VATER: Weil wir keine Kinder mehr bekommen können.

SOHN: Aber Charly hat doch gesagt, sein Vater hat gesagt, es gibt genug Kinder. Wir können doch auch eins adoptieren.

VATER: Soll ich dir die Schienen legen oder nicht? Wenn ja, laß mich in Ruhe. Ich muß mich konzentrieren.

SOHN: Du hast doch gesagt, ihr wollt auch noch gern ein Kind, und ich will einen Bruder.

VATER: Ja natürlich. Aber wenn es nun mal nicht geht.

SOHN: Warum willst du denn keins adoptieren?

VATER: Junge. Das ist nicht so einfach. Außerdem, wir adoptieren keins.

SOHN: Warum nicht?

VATER: Das ist nicht so einfach. Schau mal, die Kinder sind im Heim doch gut aufgehoben und – naja, man weiß eben nichts über die Kinder. Man kann doch nicht ein Kind nehmen, das man nicht kennt.

SOHN: Mich habt ihr doch auch nicht gekannt.

VATER: Du bist doch unser Kind! Nun warte mal noch ein bißchen. Vielleicht kann Mutti doch noch ein Kind bekommen.

SOHN: Wieso?

VATER: Sie ist zu einem Arzt gegangen. Der kann Mutti vielleicht helfen, ein Kind zu bekommen.

SOHN: Ja?

VATER: Ja. Aber sag Mutti nicht, daß ich es dir gesagt habe.

SOHN: Okay.

VATER: So! Jetzt kann die Bundesbahn in Aktion treten! Übernehmen Sie Ihren Posten im Stellwerk, mein Herr! Achtung, fertig, los!

Die Eisenbahn fährt.

VATER: Toll, was?

SOHN: Hm. – Papa, aber Charly hat gesagt, sein Vater hat gesagt, den Kindern geht's im Heim ganz schlecht und die haben keine Eltern. Ihr seid doch Eltern. Wenn wir eins adoptieren wie Charlys Tante, dann habe ich einen Bruder und mein Bruder hat Eltern und Mutti kann sich die Arbeit sparen, noch eins zu kriegen.

VATER: Warum adoptiert Charlys Vater denn kein Kind, wenn er so Mitleid mit den Heimkindern hat?

SOHN: Weiß nicht. Doch wart mal: Charlys Vater hat gesagt, sie können sich kein Kind mehr leisten.

VATER: Kann ich mir denken, wenn er Charly auch noch auf die Oberschule schicken will.

SOHN: Warum können sich Charlys Eltern kein Kind mehr leisten?

VATER: Oberberg! In Richtung Unterberg und Überberg umsteigen! Der Zug fährt in einer Minute weiter! Einsteigen bitte! Türen schließen! Abfahrt!

SOHN: Warum können die sich keins mehr leisten?

VATER: Weil ein Kind Geld kostet. Wenn man nicht viel Geld hat, kann man nicht viele Kinder haben. Sonst geht es den Kindern schlecht.

SOHN: Für Charly und Charlys Schwester hat Charlys Vater aber genug Geld, nicht?

VATER: Scheint so. Kannst du denn nicht aufpassen? Hier mußt du die Weiche stellen!

SOHN: Du hast mehr Geld als Charlys Vater.

VATER: Das weißt du doch. Stell die Lok wieder auf die Schiene.

SOHN: Wir könnten uns doch für mich noch einen Bruder leisten, oder nicht?

VATER: Ja. Du mußt die Weiche stellen, bevor du die Lok

aufstellst.

SOHN: Dann könnten wir doch gleich einen Bruder und eine Schwester adoptieren.

VATER: Ich habe gesagt, wir adoptieren kein Kind!

SOHN: Aber wieso denn nicht?

VATER: Das ist nicht so einfach. Schau mal, die meisten Kinder, die im Heim sind, haben ja noch Eltern.

SOHN: Warum sind sie denn dann im Heim?

VATER: Wahrscheinlich, weil die Eltern die Kinder nicht wollen.

SOHN: Können die Eltern sich die Kinder nicht leisten?

VATER: Wahrscheinlich. Also willst du jetzt weiterspielen oder nicht? Dann stell die Lok endlich auf.

SOHN: Hm. Wer bezahlt denn dann die Kinder im Heim?

VATER: Der Staat.

SOHN: Wieso kann sich der Staat die Kinder nicht leisten?

VATER: Wie kommst du denn darauf?

SOHN: Naja, wenn es denen schlecht geht im Heim?

VATER: Natürlich hat der Staat Geld für die Heime. Wir zahlen dem Staat Steuern und davon unterhält der Staat die Heime.

SOHN: Dann zahlst du auch Geld für die Heime?

VATER: Natürlich, jeder zahlt. Weiche stellen!

SOHN: Hm . . . Mir geht es gut und Charly auch, nicht?

VATER: Das will ich doch hoffen.

SOHN: Wenn du sowieso schon für die Kinder im Heim zahlst, dann können wir doch auch adoptieren.

VATER: Du kannst einem den letzten Nerv rauben. Wir adoptieren nicht! Entweder wir bekommen noch ein eigenes Kind oder gar keins! Stell die Weiche!

SOHN: Aber dann zahlst du doch Geld, damit es den Kindern im Heim schlechtgeht!

Rostige Rüstung
Eugen Helmlé

SOHN: Papa, Charly hat gesagt, sein Vater hat gesagt, unsere Rüstung ist voll Rost.

VATER: Du bist auch voll Rost.

Beweg dich lieber mal etwas und hol mir die Pfirsiche für die Bowle.

SOHN: Das hat aber in der Zeitung gestanden, sagt Charly, sein Vater hat es selber gelesen.

VATER: Das hat er sicher in einem linken Revolverblatt gelesen.

SOHN: Hat er wohl nicht. Charly sagt, das war eine ganz piekfeine Zeitung für gebildete Leute und so.

VATER: Klar, wenn Charlys Vater die liest.

SOHN: Charly sagt, sein Vater informiert sich überall.

VATER: Der Mann hat eben ein großes Informationsbedürfnis.

SOHN: Ja. So ist halt der eine vorm andern.

VATER: Und jetzt hat er erfahren, daß unsere Rüstung Rost ansetzt?

SOHN: Ja, das hat er.

Hast du das nicht gewußt?

VATER: Nein, aber wenn Charlys Vater es sagt.

SOHN: Er hat auch noch gesagt, daß die Bundeswehr bald pleite macht.

VATER: Da ist der Wunsch wohl der Vater des Gedankens.

SOHN: Was für ein Vater?

VATER: Ich meine, Charlys Vater würde das sicher in den Kram passen.

SOHN: Mir auch und Charly auch. Dann brauchen wir nämlich . . .

VATER: Was heißt hier wir?

Du bist nicht Charly. Du kommst aus einer anständigen Beamtenfamilie, in der man seine Pflicht tut, verstanden?

Und jetzt hol mir die Pfirsiche, los!

SOHN: Ich geh' ja schon!

Der Junge geht hinaus und kehrt nach einiger Zeit zurück.

SOHN: Hier sind die Pfirsiche.

VATER: Wo ist denn der Dosenöffner?

SOHN: Draußen.

VATER: Das Denken scheinst du den Pferden zu überlassen.

SOHN: Du hast nichts von einem Dosenöffner gesagt.

VATER: Natürlich, von allein kommst du ja nicht auf so was. Soll ich vielleicht die Dose in die Bowle legen?

SOHN: Mensch, Klasse, dann kreiern wir die Dosenbowle.

VATER: Kreieren, nicht kreiern, kreieren.

SOHN: Meine ich ja.

Du, das wird vielleicht ein Knüller.

VATER: Bei dir gibt's gleich 'nen Knaller. Los, schwirr ab und hol den Dosenöffner.

SOHN: Das hättest du ja auch gleich sagen können.

VATER: Bei etwas Intelligenz hättest du wissen müssen, daß

34

man die Pfirsiche nur aus der Dose holen kann, wenn die Dose vorher geöffnet wird.

SOHN: Intelligenz ist eine Frage der Vererbung, hat unser Lehrer neulich gesagt.

VATER: Jetzt mach dich aber ganz schnell dünne, sonst rauscht's.

Der Sohn fügt sich und holt den Öffner.

SOHN: Hier ist der Dosenöffner. Da ist aber auch ganz schön Rost dran.

VATER: Gib her.

SOHN: Hast du das wirklich nicht gelesen?

VATER: Ob ich was nicht gelesen habe?

SOHN: Daß die Rüstung verrostet.

VATER: Ich bin halt nicht so gut informiert wie Charlys Vater.

SOHN: Hast du auch nicht gelesen, daß der Verteidigungsminister nur noch die Reparaturen bezahlen kann?

VATER: Was für Reparaturen denn?

SOHN: Na, für die alten Panzer und Flugzeuge und Autos und so.

VATER: Da hätte auch schon längst neues Material hergehört. So bleibt doch alles Flickwerk.

SOHN: Charly sagt, es ist eben kein Geld da.

VATER: Kein Wunder, wo die ständig am Verteidigungshaushalt streichen.

SOHN: Wo sollen sie denn streichen? Charly sagt, wenn kein Geld da ist, muß man sich entscheiden, entweder Schulen oder Kasernen.

VATER: Charly fällt die Entscheidung sicherlich nicht schwer.

SOHN: Mir auch nicht.

VATER: Das ist aber ganz neu. Seit wann bist du so scharf auf die Schule?

SOHN: Och, weißt du, eigentlich schon immer, ich kann's halt nicht so zeigen.

VATER: Ach so ist das.

SOHN: Ja. Und die Bosse von der Rüstungsindustrie, hat Charly gesagt, die sind jetzt ganz schön sauer.

VATER: So? Und warum sind sie sauer?

SOHN: Weil die schon seit Jahren auf das große Geschäft warten.

VATER: Aha! Ihr habt offenbar so eure Verbindungen, ihr beide. Euch scheint wirklich nichts zu entgehen.

SOHN: Das hat auch in der Zeitung gestanden. Weil, die haben nämlich geglaubt, jetzt werden die Waffen weggeschmissen.

VATER: Welche Waffen sollen weggeschmissen werden?

SOHN: Na ja, die, wo die Regierung bei der Wiederbewaffnung gekauft hat.

VATER: Da wär's auch wirklich höchste Zeit. Das Zeug ist bald zwanzig Jahre alt.

SOHN: Und deshalb ist ja auch der Rost dran, aber der Minister will die rostigen Waffen behalten und reparieren, weil er kein Geld hat.

VATER: Mit dem Erfolg, daß unser Waffensystem bald hoffnungslos überaltert ist.

SOHN: Ist das schlimm?

VATER: Das glaube ich auch. Was sollen wir mit diesen veralteten Waffen gegen einen modern ausgerüsteten Gegner anfangen?

SOHN: Gegen welchen Gegner?

VATER: Ich meine, einen möglichen Gegner, wer das sein wird, wissen wir ja nicht.

SOHN: Woher weißt du dann, daß er modern ausgerüstet ist?

VATER: Das ist anzunehmen.

SOHN: Und dafür müssen wir alle paar Jahre die Waffen wegschmeißen und neue kaufen?

VATER: Ja.

SOHN: Und die neuen werden nach ein paar Jahren wieder weggeschmissen und . . .

VATER: Sicher. Aber diesen Preis müssen wir eben für unsere Freiheit bezahlen.

SOHN: Ich denke für unsere Rüstung?

VATER: Diese Rüstung ist der Garant unserer Freiheit.

SOHN: Ist man frei, wenn man gerüstet ist?

VATER: Das kommt drauf an.

SOHN: Ist nicht jeder frei, der eine moderne Rüstung hat?

VATER: Natürlich nicht. Es gibt auch Systeme, die sind aufs modernste gerüstet und doch nicht frei.

SOHN: Du, Papa, dann behalten wir wohl besser unsere rostige Rüstung.

VATER: Komm, trag lieber die leere Dose raus und nimm gleich den Dosenöffner mit.

SOHN: Woran erkennt man eigentlich, ob eine Rüstung frei macht oder nicht?

VATER: Los, geh schon!

SOHN: Darf ich nachher auch mal von der Bowle probieren?

VATER: Aber nur einen kleinen Schluck, damit du nicht wieder einen Schwips bekommst.

SOHN: Au, prima!

Der Sohn geht hinaus und kommt bald zurück.

SOHN: Papa, ich hab mir gleich ein Glas mitgebracht.

VATER: Moment, Moment, erst müssen die Früchte einmal ziehen.

SOHN: Immer warten.

Du, wer bezahlt eigentlich das viele Geld für neue Waffen?

VATER: Hast du nicht vorhin gesagt, es gibt keine neue Waffen?

SOHN: Ja.

VATER: Also, wie kann man dann Geld dafür ausgeben?

SOHN: Ich meine ja, wenn es welche gäbe. Außerdem waren die alten Waffen ja auch mal neu, und da haben sie doch Geld gekostet.

VATER: Die zahlen wir alle, alle Steuerzahler.

SOHN: Verdient da auch jemand dran?

VATER: Natürlich. In der freien Marktwirtschaft ist das ganz normal.

SOHN: Und wer ist das? Sind das die, die dann im Ausland bauen, damit sie keine Steuern zu bezahlen brauchen?

VATER: Woher soll ich das wissen.

SOHN: Du, Papa, wenn man ständig neue Waffen braucht, weil sie nach ein paar Jahren verrosten, und wenn das überall so ist, warum schafft man dann die Rüstung nicht überall ab?

VATER: Das wäre zu schön, um wahr zu sein. Und bis es zu einer allgemeinen Abrüstung kommt, müssen wir eben bewaffnet sein.

SOHN: Auch wenn die Waffen rostig sind?

VATER: Nein. Wenn Rüstung einen Sinn haben soll, müssen wir neue und moderne Waffen haben.

SOHN: Und wo soll das Geld herkommen?

VATER: Der Verteidigungshaushalt muß eben erhöht werden.

SOHN: Ich denke, der Staat muß sparen?

VATER: Sicher.

SOHN: Wegen der Inflation, hat Charly gesagt.

VATER: Natürlich.

SOHN: Also, woher nehmen und nicht stehlen, wie du immer sagst.

VATER: Das ist ja schließlich nicht meine Aufgabe. Darüber sollen sich die Herren von der Regierung mal gefälligst den Kopf zerbrechen.

SOHN: Wenn die aber mit ihrem Latein so schnell am Ende sind wie du, wird der Rost so bald nicht alle.

Spielplatz
Ingrid Hessedenz

Der Sohn sitzt mit Freunden zusammen auf dem Spielplatz. Er sieht seinen Vater.

SOHN: Papa, hallo Papa!
VATER: Komm mal her. Na komm schon!

Der Sohn kommt näher.

SOHN: Ist Mama schon fertig mit dem Essen?
VATER: Nein. Aber wenn du die Güte hättest, deinen alten Vater bei einem Spaziergang zu begleiten. Na komm!
SOHN: Nein. Dann geh ich wieder zu meinen Freunden. Wir haben noch was zu bereden.
VATER: Zu bereden? So, so.
Komm jetzt. Spielen kannst du auch noch nachher. Am Wochenende will ich was haben von meinem Sohn.
SOHN: Du Papa, ich hab wirklich keine Zeit. Wir müssen noch beschließen, was wir . . .
VATER: Laß die Sprüche. Los ab!
SOHN: Mensch! Mußt mir ja nicht gleich den Arm abreißen!

VATER: Sei nicht so zimperlich.

SOHN: Charlys Vater hat schon recht.

VATER: Na, was hat der Gute denn wieder gesagt.

SOHN: Ach nichts. Du weißt ja doch wieder alles . . .

VATER: Verschone mich mit den blöden Sprüchen von Charlys Vater.

SOHN: Die sind überhaupt nicht blöd.

VATER: Na komm. Setz die beleidigte Leberwurstmiene ab. Oder macht es dir keinen Spaß, mit mir spazierenzugehen?

SOHN: Doch, schon. Aber nicht, wenn ich was Wichtiges zu tun habe. Wenn du was zu tun hast, gehst du ja auch nicht mit mir spazieren. Bei mir ist dir das scheißegal!

VATER: Mir ist es nicht scheißegal!

Wie heißt das?

SOHN: Bei mir ist dir das gleichgültig.

VATER: Na also.

Na, was hattest du denn so Wichtiges zu tun? Dem Lärm nach zu urteilen, habt ihr mindestens fünf Fußballmannschaften aufgestellt.

SOHN: Wir haben überlegt, was wir machen können, damit sie uns unseren Spielplatz nicht wegmachen.

VATER: O mein Gott! Dann habe ich dich ja in einer Konferenz gestört. Entschuldige!

SOHN: Brauchst dich gar nicht über uns lustig zu machen. Dir ist das ja sowieso scheiße-eh – gleichgültig.

VATER: Verdammt noch mal, laß endlich dieses Wort. Du weißt doch, daß ich das nicht hören will!

SOHN: Hab ich doch.

Der Sohn spielt mit einer Konservendose Fußball.

SOHN: Papa, was sind denn Bedürfnisse?

VATER: Laß das liegen. Das tut ja weh.

SOHN: Was tut weh?

VATER: Das Gescheppere.

SOHN: Hm.
Was sind denn Bedürfnisse?

VATER: Wie kommst du denn jetzt darauf. Bedürfnisse sind –
na ja –

SOHN: Ist das das, was man darf?

VATER: Unsinn! Ein Bedürfnis ist das, was man braucht, um –
naja – um zufrieden zu sein.

SOHN: Ist das Luxus?

VATER: Ja, auch. Aber eigentlich nicht. Also, wenn du Hunger
hast, hast du das Bedürfnis zu essen. Du hast das Bedürfnis
zu schlafen, wenn du müde bist usw. Verstehst du?

SOHN: Hm . . . Kann man Bedürfnisse verbieten?

VATER: Mein Gott, ich hab dir doch schon gesagt, Bedürfnis
kommt nicht von dürfen, sondern von bedürfen, etwas brauchen etc.

SOHN: Hm. – Etwas brauchen. Also kann man's nicht verbieten.

VATER: Natürlich nicht.
Komm sofort auf den Bürgersteig. Oder willst du dein Mittagessen im Krankenhaus einnehmen?

SOHN: Papa, wenn man Bedürfnisse nicht verbieten darf, wieso
macht ihr's dann bei den Kindern?

VATER: Was?

SOHN: Na, Bedürfnisse verbieten.

VATER: Was heißt hier ihr?

SOHN: Na, die Erwachsenen.

VATER: Bitte? Moment mal, immer der Reihe nach. Wer ver-

43

bietet wem was? Ich hör wohl nicht recht.

SOHN: Charlys Vater hat schon recht.

VATER: Ich frage nicht Charlys Vater, sondern dich! Wer verbietet wem was?

SOHN: Ist doch klar. Die Erwachsenen verbieten den Kindern das Bedürfnis zu spielen.

VATER: Das ist doch lächerlich. Wie kommst du denn auf die Schnapsidee?

SOHN: Na, wenn sie uns unseren Spielplatz wegmachen.

VATER: Aber Junge, das ist doch etwas ganz anderes. Das hat seine Gründe. Dadurch verbietet man euch doch nicht das Spielen.

SOHN: Charlys Vater hat schon recht. Charly hat gesagt, sein Vater hat gesagt, den Erwachsenen sind die Bedürfnisse der Kinder scheißegal.

VATER: Wie heißt das?

SOHN: Scheißegal. Charlys Vater hat gesagt scheißegal.

VATER: Typisch. – Komm, setz dich mal hier auf die Bank. Mit Sprüchen ist es nämlich nicht getan. Ich werde dir jetzt erklären, weshalb der Spielplatz weg muß.

SOHN: Hm.

Ein Flugzeug kommt näher.

SOHN: Aaaaaah!!!

VATER: Was soll denn das Gebrülle?

SOHN: Diese blöden Flugzeuge! Die sind so laut!

VATER: Sei nicht so zimperlich! Sei froh, daß du in einer zivilisierten Welt lebst. Da muß man sich mit abfliegen.

SOHN: -finden.

VATER: Bitte? Laß den Blödsinn. Willst du jetzt, daß ich dir erkläre, weshalb der Spielplatz weg muß, oder nicht?

SOHN: Klar.

VATER: Na also. – In unserem Viertel wohnen viele Menschen.

SOHN: Ach nein.

VATER: Was soll denn das?

SOHN: Nichts. Sorry.

VATER: Entschuldigung!

Da muß jeder auf den anderen Rücksicht nehmen. Wenn dich etwas stört, möchtest du doch auch, daß es aufhört.

SOHN: Hm . . . Ich möchte, die Flugzeuge und die Autos wären nicht so blöd laut.

VATER: Was hat denn das mit unserem Viertel zu tun? Hör auf, mit den Schuhen im Dreck rumzuwühlen. Willst du jeden Monat ein Paar neue?

SOHN: Die kann man doch putzen.

VATER: Hörst du jetzt zu oder nicht?

Um den Spielplatz wohnen sehr viele Menschen, und für die entsteht durch den Spielplatz einfach zu viel Lärm. Jeder hat ein Recht auf Ruhe. Das verstehst du doch? Und wenn sich die Kinder verteilen, ist es für niemanden zu laut. Siehst du, wir planen, an die Stelle des Spielplatzes einen schönen Rasen mit Beeten anzulegen, einen kleinen Park mit ein paar Bänken, wo jeder hingehen kann und sich über das Grün und die Blumen freut.

SOHN: Wer hat denn das beschlossen?

VATER: Die Wohngesellschaft, die für unser Viertel zuständig ist.

SOHN: Wieso können die das einfach?

VATER: Die Mieter haben sie darum gebeten. Siehst du, eine Menge Leute, die hier wohnen, hatten eben das Bedürfnis nach mehr Ruhe. Also haben sie . . .

SOHN: Wie wir das Bedürfnis zu spielen?

VATER: Genau. Also haben sie einen Initiativausschuß gegründet und haben . . .

SOHN: Was ist denn das, ein Initiativausschuß?

VATER: Wenn mehrere Leute das gleiche wollen – halt die Beine still! – und sich dann zusammentun, um es zu erreichen. Klar?

SOHN: Hm . . .

VATER: Sie haben also einen Initiativausschuß gebildet, ein Gesuch an die Wohngesellschaft geschrieben und eine Unterschriftensammlung durchgeführt.

SOHN: Was ist denn eine . . .

VATER: Laß mich doch ausreden, bevor du fragst. Sie haben alle Leute, die der Spielplatz auch zu sehr belästigt, unterschreiben lassen. Dadurch hat die Gesellschaft gesehen, daß ein wirkliches Interesse für die Beseitigung des Spielplatzes und für eine kleine Anlage besteht.

SOHN: Das ist ja toll!

VATER: Nicht? Und deshalb wird jetzt statt des Spielplatzes eine Anlage angelegt.

SOHN: Das ist ja eine prima Idee!

VATER: Na siehst du. Ich wußte ja, daß du vernünftig bist, wenn man es dir erklärt.

SOHN: Dann brauchen wir ja nur ein Gesuch zu stellen und alle zu unterschreiben, und dann bleibt der Spielplatz!

VATER: Nein!

SOHN: Wieso denn nicht? Du hast doch gesagt, wenn die sehen, daß . . .

VATER: Ihr könnt doch nun wirklich überall spielen! Komm jetzt. Es wird Zeit.

SOHN: Wo denn? Wenn wir auf die Straße gehen, kriegen wir

Mittagessen im Krankenhaus. Hast du selbst gesagt.

VATER: Lenk nicht immer ab. Schau mal, es gibt ja noch viel wichtigere Gründe. Zum Beispiel der Sandkasten. Die Kinder, die darin spielen, werden krank, weil zuviel Dreck in den Sand kommt. Die Hunde machen hinein, der Schmutz, Staub usw. Das entspricht einfach nicht den hygienischen Erfordernissen!

SOHN: Aber in die Anlage dürfen wir doch dann sicher auch wieder nicht rein! Da steht dann wieder so ein blödes Schild «Rasen betreten verboten» und so.

VATER: Ja natürlich, auf den Rasen dürft ihr nicht. Ein Rasen muß gepflegt sein, sonst ist es kein Rasen. Der braucht Pflege und keine trampelnden Kinderfüße! Komm jetzt.

SOHN: Wer pflegt den denn?

VATER: Das weiß ich nicht. Wahrscheinlich die Hausmeister.

SOHN: Warum pflegen die denn nicht den Sand?

VATER: Jetzt reicht's aber! Sei doch nicht so verstockt. Komm jetzt endlich!

SOHN: Du, Papa?

VATER: Fang ja nicht wieder mit dem Spielplatz an.

SOHN: Ist ja gut. – Papa, morgen mußt du wieder arbeiten, nicht?

VATER: Natürlich, Junge. Morgen ist Montag, da muß jeder arbeiten.

SOHN: Die anderen Leute aus dem Ausschuß auch?

VATER: Was heißt die anderen Leute im Ausschuß?

SOHN: Na, da bist du doch drin. «Wir planen eine Anlage» hast du selbst vorhin gesagt.

VATER: Zieh nicht so voreilige Schlüsse. Ich bin nicht in diesem Ausschuß. Ich habe das Gesuch unterschrieben, aber das heißt noch lange nicht, daß ich Mitglied des Ausschusses bin.

SOHN: Darf ich morgen abend auf den Spielplatz?

VATER: Fang nicht an zu spinnen. Kinder gehören abends ins Bett.

SOHN: Wenn die Kinder abends im Bett sind, wieso stört die Leute, die sowieso den ganzen Tag arbeiten, dann der Spielplatz?

VATER: Du sollst mit diesem Spielplatz aufhören!

SOHN: Aber dich stört er doch gar nicht, und wir wollen spielen, und du hast unterschrieben!

Ein Flugzeug kommt näher.

Aaaah!!!

VATER: Du sollst mit dem Gebrülle aufhören!

SOHN: Dir sind eben meine Bedürfnisse scheißegal!

Warten im Wartezimmer
Rudolf Schlabach

SOHN: Papa, Charly hat gesagt, sein Vater hat gesagt . . .

VATER: Ach, hat Charlys Vater wieder was gesagt?

SOHN: Wenn ich's nicht sagen darf . . .
Ist das wichtig, was du da liest?

VATER: Natürlich. Sonst würde ich es nicht lesen.

SOHN: Was ist denn daran so wichtig?

VATER: Das sind neue Bestimmungen. Im Büro komme ich nicht dazu, sie in Ruhe zu lesen. Ich muß sie aber kennen, damit mir keine Fehler passieren.

SOHN: Kennst du viele Bestimmungen?

VATER: Etliche.

SOHN: Sind Bestimmungen, was bestimmt ist?

VATER: Wie steht's denn mit deinen Schularbeiten?

SOHN: Schon lange fertig. – Willst du sie sehen?

VATER: Zeig sie Mama!

SOHN: Charly hat gesagt, sein Vater hängt sich jetzt immer in seine Schularbeiten rein, wenn er nicht gerade Mittagsschicht hat.

VATER: Wird wohl auch nötig sein, wenn Charly Pilot werden will. – Also was hat Charlys Vater gesagt?

SOHN: Er wollte was von mir wissen.

VATER: Was denn?

SOHN: Wenn Mama oder du zum Arzt gehen, wie lange das dauert.

VATER: Und was hast du gesagt?

SOHN: Nicht lange.

VATER: Was heißt: nicht lange?

SOHN: Ihr braucht doch nie lange, wenn ihr zum Doktor geht. Neulich bist du nach einer Stunde schon wieder zu Hause gewesen. Als du es mit dem Magen hattest.

VATER: Woher weißt du das schon wieder?

SOHN: Hat Mama ihrer Freundin erzählt. Am Telefon. Du hast dich ausgeschlafen und bist um zehn Uhr gegangen. Um elf warst du schon wieder zurück.

VATER: Und das hast du Charlys Vater alles auf die Nase gebunden.

SOHN: Wenn es doch wahr ist . . .

VATER: Manches ist wahr, trotzdem spricht man nicht darüber.

SOHN: Warum sollte das denn geheim bleiben? Hast du geschwänzt?

VATER: Hat das Mama behauptet?

SOHN: Nö. Hab ich nur gedacht.

VATER: Dein Vater schwänzt nie seine Arbeit! Wie kommt dieser Mann überhaupt dazu, dir solche Fragen zu stellen? Ich stelle Charly auch keine Fragen!

SOHN: Es war doch nur, weil Charlys Mutter jetzt auch was mit dem Magen hat.

VATER: Ach so.

SOHN: Gestern morgen ist sie auch bei Dr. Neuhaus gewesen.

VATER: Und?

SOHN: Charly sagt, sie hat schon um halb neun im Wartezimmer gesessen, aber erst kurz vor eins ist sie drangekommen.

VATER: Es werden eben viele Patienten da gewesen sein.

SOHN: Waren denn neulich, als du bei Dr. Neuhaus warst, keine Patienten da?

VATER: Bei Dr. Neuhaus ist es immer voll.

SOHN: Bei dir ging's so schnell, und Charlys Mutter mußte so lange warten – warum?

VATER: Sie ist Kassenpatientin, und ich bin Privatpatient.

SOHN: Und das muß geheim bleiben?

VATER: Geheim nicht gerade. Jeder, der sich mit diesen Dingen ein bißchen auskennt, weiß ja, daß es solche Unterschiede gibt. Aber man muß es ja nicht an die große Glocke hängen.

SOHN: Weil es was Schlechtes ist, oder?

VATER: Wieso soll es was Schlechtes sein?

SOHN: Wenn du so wütend wirst, weil ich Charlys Vater das gesagt habe . . .

VATER: Man soll keine schlafenden Hunde wecken.

SOHN: Wer ist ein Hund, Charlys Vater?

VATER: Das ist eine Redewendung. Ich will damit sagen: Wenn man schon mal irgendwo einen kleinen Vorteil hat, soll man möglichst darüber den Mund halten und die Leute nicht reizen, die diesen Vorteil nicht haben.

SOHN: Charlys Vater war aber schon ganz schön sauer, als ich hinkam. Er hat gesagt: Kassenpatient sein, das ist zum Kotzen. Das Wartezimmer ist jedesmal gerammelt voll, da sitzt man und sitzt man und alle halbe Stunde wird einer zum Arzt reingelassen, weil durch irgendwelche Hintertüren die Scheißprivatpatienten kommen, die sofort drangenommen werden.

VATER: Typisch Charlys Vater.
Der wird nie lernen, so was differenziert zu sehen.

SOHN: Wie soll er das sehen?

VATER: Differenziert. Das heißt: abgestuft, nicht so in Schwarz-Weiß-Manier.

SOHN: Hat das mit Manieren zu tun? Daß man beim Essen die Ellenbogen nicht aufstützt und Kartoffeln nicht mit dem Messer schneidet?

VATER: Manieren ist die Mehrzahl von Manier. Manier heißt soviel wie Art und Weise.

SOHN: Was ist das denn: eine Schwarz-Weiß-Art-und-Weise?

VATER: Wenn du meinst, daß du mich auf den Arm nehmen kannst mit deiner blöden Fragerei . . . Ich muß jetzt weiterlesen.

Pause.

SOHN: Papa, warum ist Charly mit seiner ganzen Familie denn eigentlich Kassenpatient?

VATER: Weiß ich nicht. – Weil sein Vater zu der großen Mehrheit der Arbeitnehmer gehört, die pflichtversichert ist. Das hängt von der Höhe des Einkommens ab. Diese Bevölkerungsschicht sind die Kassenpatienten.

SOHN: Und wer ist Privatpatient?

VATER: Alle, die nicht in einer öffentlichen Kasse sind. Höhere Angestellte, Beamte, Kaufleute, Unternehmer, freiberuflich Tätige wie zum Beispiel Rechtsanwälte, Schauspieler . . .

SOHN: Charlys Vater hat gesagt, als Kassenpatient wird man oft behandelt wie ein Mensch zweiter Klasse.

VATER: Ansprüche stellt dieser Mann! Als ob es nicht überhaupt schon ein großer Fortschritt wäre, daß jedermann bei uns krankenversichert ist. Diese Leute wie Charlys Vater, die immer nur kritisieren, sollten sich mal klarmachen, daß es vor hundert Jahren solche Gesetze noch gar nicht gegeben hat.

SOHN: Stimmt es denn, daß die Privatpatienten durch Hintertüren zum Arzt gehen?

VATER: Hin und wieder mag es so eingerichtet sein, daß sie durch eine andere Tür ins Sprechzimmer gehen als die Kassenpatienten. Du hast das bei Dr. Neuhaus ja schon miterlebt: War das eine Hintertür, durch die du mit Mama in sein Sprechzimmer gekommen bist?

SOHN: Die Tür war mir doch egal.

VATER: An der Tür, durch die du ins Sprechzimmer gegangen bist, steht: Labor.
Ist eine Tür zu einem Labor etwa eine Hintertür?

SOHN: Warum werden die Privatpatienten denn sofort drangenommen?

VATER: Sie werden ja gar nicht immer sofort drangenommen. Sie müssen manchmal auch warten. Vielleicht nicht so lange. – Sieh mal: Wenn um neun Uhr ein Rechtsanwalt kommt, der um zehn Uhr als Verteidiger vor Gericht stehen muß – soll der stundenlang warten?

SOHN: Aber wenn seine Frau kommt – die braucht doch gar nicht zum Gericht.

VATER: Sie ist eben Privatpatientin. Ihr Mann läßt sich das was kosten. Für die Kassenpatienten zahlt die Kasse einen festen Betrag, der nicht sehr hoch ist. Beim Privatpatienten kann sich ein Arzt dafür schadlos halten. Dem kann er eine Rechnung aufbrummen, je nachdem, welches Einkommen er bei ihm vermutet.

SOHN: Charlys Vater hat gesagt: Wenn man Ärzte im Fernsehen sieht, dann tun sie, als machten sie sich reineweg kaputt für das Wohl der Menschheit. Dabei sind sie ganz schön

53

hinter dem Geld her.

VATER: Was täte denn wohl Charlys Vater, wenn er Arzt wäre?
– Die Sache ist doch die: Es sind leider viel zuwenig Ärzte da.
Vor allem Zahnärzte. Was soll so ein Arzt denn tun? Die
Leute, die was von ihm wollen, sind nun einmal massenhaft
da. Er muß doch irgendwie mit dem Andrang fertig werden.
Und da teilt er sich eben die Patienten ein.

SOHN: In Kassen- und Privatpatienten? Das finde ich aber
ziemlich besch . . .

VATER: Mußt du jeden Ausdruck übernehmen? Wenn ich dir
schon diesen Umgang mit Charly gestatte, dann erwarte ich
von dir, daß du dich wenigstens sprachlich sauberhältst.

SOHN: Charly hat gesagt, Wörter sind Schall. Schall macht
nicht schmutzig.

VATER: Sauberkeit kann ja auch etwas mit Gesinnung zu tun
haben. Oder?

SOHN: Ist Gesinnung kein Wort?

VATER: Ich spreche jetzt im übertragenen Sinne.

SOHN: Ja, Papa.

VATER: Na also.

Um aber beim Thema zu bleiben . . .

SOHN: Gesinnung?

VATER: Hör mir jetzt gut zu: Ein Arzt hat eine große Verant-
wortung. Wenn er wegen des Andrangs schon darauf verzichten muß, sich jedem Patienten so gründlich zu widmen,
wie es nötig wäre, so muß man ihm schon das Recht einräu-
men, wenigstens diejenigen zu bevorzugen, die sich ihre
Gesundheit etwas kosten lassen.

SOHN: Findest du das gerecht?

VATER: Kommt darauf an, was man höher einschätzt, Freiheit
oder Gerechtigkeit. Ich bin im Zweifelsfalle für Freiheit und

meine damit auch die Freiheit der Ärzte. Was Charlys Vater will, ist öde Gleichmacherei. Ob in einer derartigen Gesellschaft für Ärzte ein Anreiz besteht, sich für ihre Patienten besonders einzusetzen, bezweifle ich sehr.

Sohn: Wieso? Charly hat gesagt, sein Vater hat gesagt, die müßten so einen Hippi-Eid leisten.

Vater: Du meinst den Eid des Hippokrates.

Sohn: Ja, meine ich doch. Und wenn sie so einen Eid leisten müssen, dann können ihnen die Patienten doch nicht egal sein, nur weil sie keinen mehr bevorzugen dürfen.

Vater: Ärzte sind schließlich auch nur Menschen. Das soll sich Charlys Vater mal endlich hinter die Ohren schreiben. – Diese Leute sind unerträglich in ihrer Unzufriedenheit. Immer nur fordern, fordern. Die werden es noch so weit bringen, daß wir alle Kassenpatienten sind.

Sohn: Das wär' schlecht.

Vater: Ach nein, mein Sohn scheint was zu kapieren. Und warum wäre es schlecht?

Sohn: Wenn du dann zu Dr. Neuhaus müßtest, könntest du dich nicht mehr ausschlafen.

Mode
Anne Dorn

SOHN: Papa, Charly hat gesagt, ich soll das Hemd umtauschen.

VATER: Warum das denn nun wieder . . .?

SOHN: Charly hat gesagt, das sieht aus, wie zur Konfirmation.

VATER: Unsinn.

SOHN: Charly hat immer so hellgraue Hemden mit Taschen auf der Brust und aus ganz weichem Stoff.

VATER: Das sind vielleicht alte Blusen von seiner Schwester . . .

SOHN: Bestimmt nicht.

VATER: Dann laß mich doch mit solchem Kram in Ruhe und frag deine Mutter.

SOHN: Charlys Mutter kann selber nähen . . .

VATER: Deine Mutter kann auch nähen, aber da hat die gar keine Zeit dazu.

SOHN: Du hast doch gestern gesagt, Mama hätte mehr Zeit als Charlys Mutter.

VATER: Ja, um deine Schularbeiten nachzusehen.

SOHN: Kannst du ihr denn sagen, daß sie mir einmal so ein Hemd näht?

VATER: Heute näht kein Mensch mehr Hemden, da gibt es so viele, schöne und billige Hemden in den Kaufhäusern.

SOHN: Charly weiß, wo man gebrauchte Sachen kaufen kann. Die sind wirklich gut – ganz tolle, alte Sachen mit Knöpfen aus Hirschgeweih oder mit Glasknöpfen.

VATER: Ich hab dir schon mal gesagt, du sollst zu Mama gehen. Ich kann mich nicht auch noch darum kümmern, was du anziehn sollst.

SOHN: Mama kauft nur immer im Laden.

VATER: Sie weiß auch, was Mode ist, was etwas taugt und was sein Geld wert ist.

SOHN: Die alten Sachen kosten ganz wenig und sind viel schöner.

VATER: Siehst du denn nicht ein, daß du nicht wie Lumpenmüllers Lieschen herumrennen kannst.

SOHN: Charly sieht aber ganz doll aus in den grauen Hemden – und zwei aus unserer Klasse haben auch schon welche.

VATER: Kannst ja in den Ferien rumlaufen wie du willst.

SOHN: Charly hat gesagt, sein Vater hat gesagt, Mode sei Quatsch.

VATER: Wenn man nicht an dem teilnehmen will, was das Leben wert und teuer macht, dann kann man das ja sagen . . .

SOHN: Was meinst du mit teuer? Ist unser Leben denn teurer als Charlys Leben?

VATER: Nun sei nicht so spitzfindig. Du hast wirklich eine Art, einem den Nerv zu rauben.

SOHN: Ich will doch nur das Hemd umtauschen.

VATER: Kauf dir eins, meinetwegen, wenn deine Seligkeit dran hängt – aber das sag ich dir: sonntags ziehst du mir das nicht an!

SOHN: Warum denn nicht?

VATER: Sonntags zieht man sich anständig an. Außerdem werden wir am Sonntag zur neuen Brücke rausfahren, die ist bald fertig.

Sohn: Charly und seine Schwester waren am letzten Sonntag da, da war das Eisen mit Rostschutzfarbe gestrichen. Charlys Schwester hat sich die Hosen ganz rot gefärbt.

Vater: Na, da wird sich Charlys Mutter gefreut haben . . .

Sohn: Charlys Schwester wäscht sich die Sachen selbst. Und dann hat die sowieso schon so bunte Hosen, mit Flicken auf dem Knie und hinten, am Arsch.

Vater: Das Wort Hintern ist dir wohl zu fein. Mir ist das schon egal, ich will jetzt weitermachen hier und meine Zeitungen sortieren.

Sohn: Gibst du mir Geld für das Hemd?

Vater: Geh zu Mama! Ich habe keine Zeit jetzt.

Sohn: Aber Mama sagt, sie hätte für solchen Quatsch kein Geld.

Vater: Siehst du.

Sohn: Das Hemd ist doch gar kein Quatsch! Ihr seid wirklich – dooof.

Vater: Lieber Himmel! Du hast den Schrank voller schöner Sachen, Oma gibt auch noch ihre Groschen, damit er nett aussieht – aber nein . . .

Sohn: Charlys Vater hat gesagt, man soll das anziehn, was einem gefällt.

Vater: Ja – und für dich ist das eben anständige Kleidung . . .

Sohn: Aber ich mag Charlys Hemd!
Du, wir haben heute nach der Schule getauscht. Da hat der Charly meins angezogen und ich seins . . .

Vater: Wie bitte?

Sohn: Charly wollte schnell sein Hemd wiederhaben – meins, das wär was für'n Sängerknaben . . . Charlys Mutter versteht was von Stoff, die hat mal Stoff verkauft, und die sagt, die grauen Hemden wären klasse.

VATER: Also jetzt hör mal zu: Wenn jemand etwas Neues hat, dann muß man das nicht auch gleich haben, dann hat man so viel Stolz, daß man sagt: Ich mache nichts nach, ich mache, was ich will.

SOHN: Die Hemden sind aber gar nichts Neues, die sind ganz alt ... und Charly sagt, von meinem Hemd kriegt er das Jucken.

VATER: Dann gib eben deinem Charly nicht dein Hemd – der ist doch nur neidisch, deshalb sagt er das.

SOHN: Charly würde mir sogar eins von seinen grauen Hemden schenken.

VATER: Wehe, du läßt dir was schenken. Du gehst mir anständig auf die Straße!

SOHN: Charlys Vater hat gesagt: So'n anständiges Hemd wird heute gar nicht mehr gemacht ...

VATER: ... Charlys Vater, Charlys Vater ... Sieh mal, Charlys Vater läuft den ganzen Tag im Monteuranzug herum, das ist seine Arbeitskleidung, und das ist für ihn richtig – und da sind dann die grauen, abgelegten Hemden aus was weiß ich für einer Militärausrüstung eben nicht so weit weg, nicht so ein Unterschied, verstehst du?

SOHN: Und was hast du für Sachen an, wenn du arbeitest?

VATER: Ich? Genau die, wie immer – weißt du doch, siehst mich doch morgens fortgehen.

SOHN: Ich weiß nicht, ich guck dich doch nicht jeden Morgen an. Bei Charlys Vater, da muß man gar nicht überlegen – aber bei dir ...

VATER: Siehst du, das ist eben der Vorteil, wenn man sich individuell kleiden kann.

SOHN: Was ist individuell?

VATER: Ich kann machen, was ich will, ich kann auffallen oder nicht, ganz wie mir das paßt.

SOHN: Und warum darf ich denn nicht anziehn, was mir paßt?

VATER: Das verbietet dir doch kein Mensch.

SOHN: Doch, du, du verbietest mir, so graue Hemden anzuziehen.

VATER: Das hat dir doch nur der Charly eingeredet, daß das gut wäre. Denk doch mal andersrum: Die abgelegten Soldatensachen sind vielleicht mal voller Läuse gewesen . . . Ich meine, ich verstehe ja, daß euch das reizt, Soldatenzeug anzuziehn . . .

SOHN: Charlys Schwester hat gesagt, alle Militärklamotten müßten an die zivilen Leute verschenkt werden – und Charlys Vater hat gelacht, der hat gesagt: Ja, das wäre gut, nackig rennt niemand in den Krieg.

VATER: Sehr komisch.
Außerdem ist es unhygienisch und ungesund, etwas anzuziehen, was andere Leute schon mal angehabt haben.

SOHN: Und warum stellt Mama, wenn gesammelt wird, dann immer Säcke mit alten Sachen auf die Straße?

Charlys Tante
Wolfgang Hahn

SOHN: Papa, Papa!

VATER: Du, ich bin am Schreiben, wie du siehst.

SOHN: Schreibst ja gar nicht.

VATER: Weil ich was überlege.

SOHN: Was denn?

VATER: Sei nicht so neugierig.

SOHN: . . . können berufstätige Frauen . . .

VATER: Laß mich in Ruhe.

SOHN: . . . für die Beschäftigung von Haushaltshilfen keine . . .

VATER: Gleich rauscht's im Karton!

SOHN: Was können die nicht?

VATER: Keine Steuererleichterung geltend machen. Man schaut aber anderen Leuten nicht in die Briefe!

SOHN: Bleibt ja in der Familie.

VATER: Trotzdem.
Ich guck Mama auch nicht über die Schulter, wenn sie was schreibt.

SOHN: Aber mir.

VATER: Das ist doch was anderes.

SOHN: Charly hat gesagt, seine Tante hat gesagt . . .

VATER: Was denn, was denn? Seit wann hat Charly eine Tante?

SOHN: Warum soll Charly denn keine Tante haben?

Der Vater zieht das Papier aus der Maschine und zerknüllt es.

VATER: Jetzt bin ich völlig draußen.

SOHN: Hast aber keinen Tippfehler gemacht?

VATER: Nein.

SOHN: Nerv ich dich?

VATER: Ja.

SOHN: Mich nervt das auch immer, wenn der Heckmann in der Schule sich hinter mir aufbaut.

VATER: Und warum tust du's bei mir?

SOHN: Weiß auch nicht. Vielleicht, weil ich dann der Heckmann bin.

VATER: Und ich dein Schüler?

SOHN: Fast.

VATER: Du siehst also noch einen kleinen Unterschied.

SOHN: Ja, du lernst nichts von mir.

VATER: Von wem hast du das bloß, von wem?

SOHN: Charly hat gesagt . . .

VATER: Ja . . .?

SOHN: . . . seine Tante hat gesagt . . .

VATER: Seine Tante?

SOHN: Man ist nicht gebildet, man wird es.

VATER: Diese Familie besteht nur aus Sprüchen.

SOHN: Sind aber gut, nicht?

VATER: Und wie!

SOHN: Charlys Tante macht jetzt in Politik.

VATER: Die mischen sich in alles hinein. Hat sie Politologie studiert, die Tante?

SOHN: Pol . . . Weiß ich nicht.

VATER: Siehst du, alles dummes Geschwätz; das scheint in Charlys Familie zu liegen, daß die sich dauernd wichtig machen müssen.

SOHN: Haben denn alle Polito . . .logie studiert, die in der Politik sind?

VATER: Ja. Nein. Einige haben, einige nicht. Die haben dann aber dafür andere Qualifikationen.

SOHN: Was ist das, Qualifikationen?

VATER: Qualifikation kommt von Qualität, wenn jemand für einen Posten besonders gut geeignet ist, dann sagt man: Er ist dafür qualifiziert.

SOHN: Dann ist Charlys Tante also nicht qualifiziert?

VATER: Nein, sicher nicht.

SOHN: Woher weißt du das? Du kennst Charlys Tante doch gar nicht.

VATER: Nein, ich kenne sie nicht, aber ich kann mir denken, daß sie nicht qualifiziert ist.

SOHN: Sind denn alle, die in der Politik sind, qualifiziert?

VATER: Natürlich sind nicht alle gleich qualifiziert, der eine mehr, der andere weniger, schließlich kann nicht jeder Bundespräsident werden, oder Kanzler oder Minister, jeder hat seinen Platz in unserer Gesellschaft.

SOHN: Du auch, Papa?

VATER: Was?

Ja, sicher, sicher.

SOHN: Könntest du denn Bundespräsident werden, Papa?

VATER: Naja . . .

SOHN: Mama hat gesagt: Du wärst zu allem fähig.

VATER: Hat Mama das gesagt? – Naja, so unrecht hat sie nicht.

Nur leider – Begabung allein genügt nicht für so einen Aufstieg. Da gehört auch noch Glück dazu . . . und gerade als Staatsmann . . .

SOHN: Was ist denn ein Staatsmann, Papa?

VATER: Ein Staatsmann? Das ist ein Mann, ein Politiker, eine Persönlichkeit, vor allem eine Persönlichkeit, jemand der eine jahrzehntelange Erfahrung hat . . .

SOHN: Dann muß ein Staatsmann also alt sein, damit er Glück hat?

VATER: Ja. Nein. So kann man das nicht sagen, er muß nicht alt sein, aber er ist es eben meistens, man braucht Zeit, um reiche Erfahrungen zu sammeln, um eine Persönlichkeit zu werden.

Und jetzt laß mich meinen Brief zu Ende schreiben.

SOHN: Du Papa, wenn es Staatsmänner gibt, müßte es doch eigentlich auch Staatsfrauen geben.

VATER: Hin und wieder gibt es Politikerinnen, die bis in die höchsten Ämter aufsteigen, aber kein Mensch käme auf die Idee, solche Frauen unter die Staatsmänner zu rechnen.

SOHN: Sind dann ja auch Staatsfrauen.

VATER: Der Staat ist Männersache. Die Sprache ist da sehr genau. Was in der Wirklichkeit nicht existiert, existiert auch nicht in der Sprache. Den Begriff Staatsfrau gibt es einfach nicht.

SOHN: Man kann aber doch Staatsfrau sagen.

VATER: Sagen . . . trotzdem sträubt sich alles dagegen.

SOHN: Was?

VATER: Die Erfahrung. Du kannst nicht gut was sagen, was gegen die allgemeine Erfahrung verstößt und damit gegen den Sprachgebrauch. Da wirst du ausgelacht.

SOHN: Charlys Tante hat aber gesagt, Frauen und Männer sind

gleichberechtigt.

VATER: So steht es im Grundgesetz.

SOHN: Haben das noch nicht alle erfahren?

VATER: Zwischen erfahren und Erfahrung besteht ein kleiner Unterschied.

SOHN: Welcher?

VATER: Zur Erfahrung gehört, daß das, was du erfährst, von dir selber erfahren werden kann.

SOHN: Und warum kann ich nicht selber erfahren, was im Grundgesetz steht?

VATER: Weil die Wirklichkeit aller Erfahrungen dem entgegenspricht. Das habe ich dir doch gerade zu erklären versucht.

SOHN: Warum machen die dann so ein Gesetz?

VATER: Da ist der Wunsch Vater des Gedankens.

SOHN: Was für ein Wunsch?

VATER: Die Wirklichkeit zu korrigieren.

SOHN: Das will Charlys Tante auch.

VATER: So, so. Wo ist Mama überhaupt. Die ist heute so still in der Küche.

SOHN: Mama ist weg.

VATER: Weg, weg. Wohin?

SOHN: Fauch doch nicht gleich so.

VATER: Wohin?

SOHN: Mama hat gesagt, sie ist in zwei Stunden wieder da, sie ist bei der Frauengruppe.

VATER: Was? Was für einer Frauengruppe? Was ist das für eine Frauengruppe, wie kommt Mama überhaupt dazu, ohne mich zu fragen, zu so einer . . . einer . . . Was machen die überhaupt, was tun die da in dieser Gruppe?

SOHN: Mama hat gesagt, heute morgen gibt es ein Referat, da spricht eine Frau aus Bonn über «Die Frau in der Männergesellschaft» oder so ähnlich. Und dann hat Mama noch gesagt, wenn du Hunger hast, bevor sie wieder da ist, dann könntest du doch schon Essen für uns machen – das Hähnchen im Kühlschrank muß nur aufgetaut werden.

VATER: Ich höre wohl nicht richtig. Ja, bin ich denn im Irrenhaus? Ich glaube, sie sollte mal was für ihre Nerven tun.

SOHN: Mama hat gesagt, sie geht zur Frauengruppe, um sich von der Hausarbeit zu erholen. Und weil sie sich weiterbilden will.

VATER: Mir reicht's jetzt! Wenn deine Mutter es nicht für nötig hält, das, wofür sie da ist, zu tun, nämlich den Haushalt zu versorgen, dann ist das eine ernste Sache; ich werde mit Mama reden, wenn sie wieder da ist, und ihr den Unsinn ausreden. – Und jetzt Schluß.

SOHN: Papa?

VATER: Sag mal, hast du Bohnen in den Ohren? Schluß hab ich gesagt.

SOHN: Aber ich wollte doch nur fragen, ob wir genug Kuchen haben.

VATER: Wieso denn? Für Mama und dich wird's reichen. Ich eß ja sowieso keinen.

SOHN: Aber Mama bringt drei Frauen aus der Gruppe mit zum Kaffee, hat sie gesagt, Charlys Tante ist auch dabei.

VATER: Was?! Also das ist doch . . .

SOHN: Mama sagt, sie wollen mit dir darüber reden, ob du nicht einmal die Woche den Rundbrief abtippen könntest. Du hast doch eine Schreibmaschine.

Taust du jetzt das Hähnchen auf?

Kindesmund ...

... unterscheidet sich vom Volksmund vor allem darin, daß man diesem auf denselben schauen soll, während man jenen eher zu stopfen pflegt.

Zwar soll Kindesmund, wie der Volksmund sagt, Wahrheit kundtun; aber wer will schon die Wahrheit hören!

Wahrheit, so scherzte Mark Twain, ist ein so kostbarer Besitz, daß man sparsam damit umgehen müsse. Wie mit dem Geld, das in Wahrheit auch kostbar ist, kostet es doch so viel, es bar zu haben.

Pfandbrief und Kommunalobligation

Meistgekaufte deutsche Wertpapiere - hoher Zinsertrag - schon ab 100 DM bei allen Banken und Sparkassen

Verbriefte  Sicherheit

Wandschmuck
Heinz Hostnig

SOHN: Papa, Papa! Charly hat gesagt, sein Vater hat gesagt, was Kunst ist, wüßten nur die wenigsten.

VATER: In der Grundschule erfährt man es jedenfalls nicht. – Hast du deine Hände gewaschen?

SOHN: Klar.

VATER: Laß mal sehen – und mit so verschmierten Fingern grapscht du in meinen Bildmappen herum! Marsch, geh dir die Hände waschen, aber dalli.

SOHN: So dreckig sind sie ja gar nicht.

VATER: Und was ist das? Sämtliche Finger sind hier auf dem Blatt von Dohley.

SOHN: Der mit seinem Gekraxel.

Der Sohn geht zum Händewaschen.

VATER: Das hat inzwischen mindestens schon einen Wert von 2000. Gekraxel hin, Gekraxel her! Das klebt ja. Der muß Honig geschleckt haben. Nimm aber ja Seife. Hörst du? Bring einen feuchten Schwamm aus dem Bad!

SOHN: Was soll ich?

VATER: Den Schwamm sollst du feucht machen und mitbringen.

Der Sohn kommt zurück.

SOHN: Da ist der Schwamm.
VATER: Zeig die Hände! – Noch einmal, wenn du ohne meine Erlaubnis die teuren Mappen vorholst, da kannst du aber was erleben. – Hoffentlich krieg ich das wieder sauber, sonst kann ich's glatt wegschmeißen.
SOHN: Ist ja nur ein bißchen am Rand . . .
VATER: Der Rand gehört zum Bild. Und nur ein sauberer Rand garantiert, daß man das Bild und nicht den Rand anschaut.
SOHN: Die Bilder in der Mappe sieht ja keiner.
VATER: Die Mappen sind eine Kapitalanlage. Da wirst du mir noch mal dankbar sein. Lauter Erstlingsdrucke. Mit Signierung.
SOHN: Erstlingsdrucke?
Was ist denn das?
VATER: Das sind die ersten Abdrucke einer Radierung oder eines Stichs. Man bewertet sie höher als die späteren Abdrucke, weil sie schärfer und genauer sind und noch alle Feinheiten der Originalgraphik erkennen lassen. Je häufiger du von einer Graphik Abdrucke herstellst, desto mehr stumpft sie ab und verliert dadurch selbst an Wert.
SOHN: Und wer sagt, welchen Wert so eine Graphik hat?
VATER: Der Kunstsachverständige.
SOHN: Bist du ein Kunstsachverständiger?
VATER: Mit einem richtigen Galeristen kann ich mich natürlich nicht messen, aber ein bißchen verstehe ich schon was vom Geschäft.

SOHN: Vorhin hast du gesagt, das Blatt ist jetzt mindestens 2000 Mark wert.

VATER: Na und?

SOHN: Wenn du so genau den Wert sagen kannst, bist du doch ein Kunstsachverständiger.

VATER: Hör mal zu. Die Sache ist so. Ich habe dieses Blatt vor etwa 10 Jahren . . . nein . . . andersherum . . .
Du kennst doch Herrn Moritz . . .

SOHN: Dem du immer bei der Steuer hilfst?

VATER: Ja. Kurt ist ein ehemaliger Studienkollege. Sie hatten zu Hause ein Antiquitätengeschäft. Daher kennt er sich in der Branche aus, kennt Kunsthändler, Galeristen und Museumsdirektoren, kennt Künstler, weiß, wo die interessantesten Vernissagen stattfinden.

SOHN: Was'n das?

VATER: Eröffnungen von Kunstausstellungen mit geladenen Gästen – und da erfährt Kurt, welche Künstler gerade gut gehandelt werden oder welche im Kommen sind. Kurt ist auf diesem Gebiet unheimlich beschlagen. Auf seine Tips kann man sich fast immer verlassen. Siehst du, und er hat mich vor 10 Jahren auf diesen Dohley aufmerksam gemacht. Kauf dir Graphiken von Dohley, hat er gesagt, die sind in ein paar Jahren das 10- bis 20fache wert. Und so hab ich mir dieses Blatt gekauft, damals für 120 Mark.

SOHN: Und kostet heute 2000?

VATER: Mindestens.
Die Sammler sind ganz wild hinter seinen Graphiken her.
Die zahlen heute soviel.

SOHN: Wieso?

VATER: Weil Dohley im Wert gestiegen ist.

SOHN: Kapier ich nicht.

71

VATER: Die Nachfrage, Junge, bestimmt doch den Preis.

SOHN: Ich dachte, es kommt auf den Erstlingsdruck an.

VATER: Und so ein Erstlingsdruck steigt im Preis, je mehr Leute sich dafür interessieren.

SOHN: Für so ein Gekraxel?

VATER: Die Leute sagen, das sei Kunst.

SOHN: Welche Leute?

VATER: Kurt Moritz zum Beispiel.

SOHN: Und du?

VATER: Ich richte mich nach dem, was Kurt mir sagt, und da er mit seiner Prognose Recht behalten hat, muß es wohl stimmen.

SOHN: Herr Moritz hat aber selber gesagt, daß das Gekraxel ist.

VATER: Zu Freunden kann man ja offen sein. Er persönlich hält nichts von Dohley.

SOHN: Wer dann?

VATER: Mein Gott, Junge . . .!

SOHN: Sag doch.

VATER: Andere Leute, die Dohley für einen Künstler halten, Kritiker zum Beispiel, Leute, die einfach daran interessiert sind, daß er dafür gehalten wird und ihn entsprechend herausstellen.

SOHN: Bist du auch daran interessiert?

VATER: Na sicher.

Mehr aber noch diejenigen, die dickes Geld in Dohley investiert haben. Die ihm damals, als er noch völlig unbekannt war, unter die Arme gegriffen und ihm seine Bilder abgekauft haben.

SOHN: Die verdienen jetzt die Kröten?

VATER: So ist es.

SOHN: Und Dohley?

VATER: Verkauft sicher keinen Erstlingsdruck mehr für 120 Mark. Der ist jetzt übern Berg.

SOHN: Kunst ist also, wenn man aus Gekraxel Geld macht.

VATER: Heute bist du wieder eine Wucht. Nein, wahre Kunst ist schöpferisch. Das ist was ganz Großes, Einmaliges und Unverwechselbares: Ein Hervorbringen aus der Tiefe der Seele und des Verstandes.

SOHN: Was bringen sie da hervor?

VATER: Die Künstler bringen es hervor. Etwas, was es vorher nicht gegeben hat: graphische oder malerische Gebilde von höchstem Wert.

SOHN: Teurer als die Bilder von Dohley?

VATER: Kein Vergleich. Ein echter Rembrandt z. B. ist heute Millionen wert.

SOHN: Wenn das mit dem Dohley so weitergeht, kann der doch eines Tages auch Millionen wert sein.

VATER: Unmöglich ist das nicht.

SOHN: Ist wahre Kunst erst, wenn sie Millionen wert ist?

VATER: Wahre Kunst ist im Grunde unbezahlbar.

SOHN: Darum hat Charlys Vater gesagt, Kunst kann er sich nicht leisten.

VATER: Er muß ja nicht unbedingt Originale an der Wand hängen haben. Ein guter Druck tut's ja auch.

SOHN: Charlys Vater hat gesagt, Bilder sind kein Wandschmuck.

VATER: Was denn sonst?

SOHN: Das hat Picasso gesagt, hat Charlys Vater gesagt.

VATER: Charlys Vater und Picasso . . . das ist ja ganz was Neues.

SOHN: Picasso war doch Kommunist.

VATER: Und Charlys Vater?

SOHN: Hängt keine Bilder an die Wand.

VATER: Ach!

SOHN: So ein Blumenstrauß hängt dort, den er selber mal gemalt hat.

VATER: Also doch.

SOHN: Als Wandschmuck. Charly hat 'n Che Guevara hängen.

VATER: Der übliche Rotkitsch.

SOHN: Ich kleb mir 'ne Rosa Luxemburg an die Tür.

VATER: Untersteh dich!

SOHN: Das ist kein Gekraxel.

VATER: Aber auch keine Kunst!

SOHN: Sagst du. Aber in zehn Jahren?

Arbeitgeber als Arbeitnehmer

Eugen Helmlé

SOHN: Papa, Charly hat gesagt, sein Vater hat gesagt . . .

VATER: Ich schlafe.

SOHN: Das hat er aber nicht gesagt.

VATER: Nein, aber das sage ich.

SOHN: Wieso denn?

VATER: Weil ich schlafe.

SOHN: Du redest ja.

VATER: Ich will aber nicht, weil ich schlafen will.

SOHN: Warum willst du jetzt noch schlafen?

VATER: Weil ich müde bin. Oder kann ich nicht wenigstens einmal in der Woche länger im Bett bleiben?

SOHN: Genau dann, wenn ich dich was fragen will.

VATER: Na, du hast wirklich keinen Grund, dich zu beklagen. Und jetzt schieb bitte ab.

SOHN: Ja, ich laß dich ja.
Immer pennen.

VATER: Räsonier nicht und mach die Tür von außen zu.

SOHN: Was soll ich nicht?

VATER: Mein Gott, womit habe ich so was verdient?

SOHN: Dreimal darfst du raten?

VATER: Du, ich stehe jetzt aber gleich auf!

SOHN: Au prima, dann kannst du mir ja erklären . . .

VATER: Ich werde dir nichts erklären, sondern dir eine hinter die Löffel geben.

SOHN: Warum denn? Ich hab doch gar nichts getan.

VATER: Ja eben, weil du nichts getan hast, du hättest nämlich schon längst die Tür von außen zumachen sollen.

SOHN: Ja, mach ich ja.

Aber du, Papa, vorher nur noch eine ganz kleine Frage, ja?

VATER: Na, dann meinetwegen.

SOHN: Was ist denn ein Arbeitgeber?

VATER: Ein Arbeitgeber. Wie kommst du denn da drauf? Ein Arbeitgeber, wart mal, ja ein Arbeitgeber ist der Partner des Arbeitnehmers, das ist ein Arbeitgeber.

SOHN: Das ist aber ein bißchen dünn, meinst du nicht?

VATER: Dünn, was heißt hier dünn. Was willst du denn sonst noch wissen?

SOHN: Was so ein Arbeitgeber tut.

VATER: Ja, was tut der schon? Der gibt den Leuten eben Arbeit, verstehst du? Wer mindestens eine Person gegen ein angemessenes Entgelt mit abhängiger Arbeit beschäftigt, der ist Arbeitgeber.

SOHN: Falsch! Weil, Charly hat gesagt, sein Vater hat gesagt, in Wirklichkeit ist er Arbeitgeber.

VATER: Wer?

SOHN: Na, Charlys Vater.

VATER: Der will Arbeitgeber sein? Der ist wohl größenwahnsinnig geworden. Seit wann ist der Arbeitgeber?

SOHN: Charly sagt, seit sein Vater arbeitet.

VATER: Moment mal, da komme ich nicht mehr so recht mit. Charlys Vater, von dem du bisher immer gesagt hast, er sei

76

nur Arbeiter . . .

SOHN: Nur hab ich nie gesagt.

VATER: Ist ja auch egal. Aber bisher war der immer Arbeiter, und jetzt soll er auf einmal Arbeitgeber sein. Kannst du mir das vielleicht einmal erklären?

SOHN: Klar kann ich das. Also, paß mal auf . . .

VATER: Sag mal, wie sprichst denn du mit mir?

SOHN: Soll ich das nun erklären oder nicht?

VATER: Mach schon.

SOHN: Wenn jemand für einen anderen arbeitet, sagt Charlys Vater, macht er ein Tauschgeschäft oder so, Arbeit gegen Geld, ist doch ganz klar, er gibt seine Arbeit, und dafür kriegt er von dem Macker Geld, leider zu wenig, sagt Charlys Vater . . .

VATER: Kann ich mir denken, daß der das sagt. Der kriegt den Hals ja nie voll.

SOHN: Womit?

VATER: Womit, womit, mit Geld natürlich.

SOHN: Wer steckt sich das Geld denn schon in den Hals?

VATER: So sagt man eben. Komm, erzähl schon weiter.

SOHN: Da gibt's nicht mehr viel zu erzählen, wer seine Arbeit gegen Geld hergibt, das ist ein Arbeitgeber, sagt Charlys Vater.

VATER: Komische Logik, die dieser Mann hat.

SOHN: Wieso denn? Finde ich gar nicht komisch, denn kein Boß könnte was tun, wenn ihm die Arbeiter nicht ihre Arbeit geben würden.

VATER: Das heißt doch wohl, die Ordnung auf den Kopf stellen. Und wie definiert man bei Charlys den Arbeitnehmer?

SOHN: Wie man den Arbeitnehmer defiliert?

VATER: Definiert.

Sohn: Was heißt denn das?

Vater: Was, das Wort kennst du nicht? Sonst sind Fremdwörter doch deine Stärke.

Sohn: Na ja. Was heißt es denn?

Vater: Definieren heißt nichts anderes als erklären, genau erklären.

Sohn: Charlys Vater hätte jetzt gesagt, dann sag's doch gleich deutsch.

Vater: Charlys Vater! Hat er auch für den Begriff Arbeitnehmer eine so originelle «Erklärung»?

Sohn: Klar hat er das. Charlys Vater sagt, wer einen anderen für sich arbeiten läßt, weil er dem seine Arbeit . . .

Vater: Dessen Arbeit.

Sohn: Sag ich ja.

Vater: Nein, das hast du nicht gesagt. Du solltest versuchen, dich grammatikalisch etwas genauer auszudrücken. Nicht der Sprachgebrauch bestimmt den deutschen Satz, sondern die grammatikalische Logik.

Sohn: Ja, wart doch mal, bis ich fertig bin. Wer also einen anderen für sich arbeiten läßt, der braucht die Arbeit von dem andern, deshalb nimmt er sie ja auch und blecht auch dafür . . .

Vater: Was macht er, er blecht? Ich habe den Eindruck, bei den Charlys ist ziemlich viel Blech im Haus, sonst könnten die gar nicht so viel Blech reden wie die reden.

Sohn: Nie läßt du einen ausreden.

Vater: Na, dann spinn mal deine Charlyschen Gedanken weiter.

Sohn: Jetzt hab ich den Faden verloren.

Vater: Du hast gerade gesagt, der Arbeitgeber bezahlt den Arbeiter für seine Arbeit . . .

78

SOHN: Hab ich nicht gesagt. Der, wo bezahlt, hat Charlys Vater gesagt, das ist der Arbeitnehmer, weil der nämlich die Arbeit von dem Arbeiter nimmt.

VATER: Aha. Demnach wäre also der Arbeitgeber der Arbeitnehmer und der Arbeitnehmer der Arbeitgeber.

SOHN: Ja.

VATER: Na, das ist wohl eine Frage der Optik.

SOHN: Charlys Vater sagt aber, daß es eine Frage der Sprache ist.

VATER: Ach was, eine Frage der Sprache! Außerdem gibt es ja auch noch den Sprachgebrauch, und da hat es sich eben eingebürgert, Arbeitnehmer zu den Arbeitern und meinetwegen auch zu den Angestellten zu sagen und Arbeitgeber zu den andern.

SOHN: Zu welchen andern?

VATER: Na ja, sagen wir mal, zu denen, die die Produktionsstätten besitzen, verstehst du?

SOHN: Und wer hat den Sprachgebrauch erfunden?

VATER: Den Sprachgebrauch hat niemand erfunden, der, der ist eben da.

SOHN: Vorhin hast du gesagt, die grammatikalische Logik bestimmt den deutschen Satz und nicht der Sprachgebrauch.

VATER: Im Prinzip ja, aber in der Sprache kommt es auf sinngemäße Übereinkünfte an. Sie legen fest, was allgemein zu gelten hat.

SOHN: Und wenn solche Übereinkünfte falsch sind?

VATER: Gelten sie trotzdem.

SOHN: Wer bestimmt denn das?

VATER: Das bestimmt niemand. Das wird eben von allen so respektiert.

SOHN: Von allen nicht.

79

VATER: Charlys Vater, ich weiß.

SOHN: Und nicht von Charlys Schwester, nicht von Charlys Tante, nicht von Charly und nicht von mir.

Weil 2 + 2 vier ist und nicht fünf.

VATER: Fabelhaft. Das muß ich im Büro erzählen. Die lachen sich tot.

SOHN: Finde ich gar nicht so komisch.

VATER: Doch. Ist es.

SOHN: Willkür ist nie komisch. Hat Charlys Vater gesagt.

VATER: Wer redet denn da von Willkür.

SOHN: Ist doch logisch; zu denjenigen, die was geben, sagt man einfach, ihr nehmt was, weil, wer was nimmt, nicht so viel gilt wie der, der was gibt.

VATER: Ich habe nicht das Gefühl, daß Charlys Vater unter Minderwertigkeitskomplexen leidet.

SOHN: Nö, der weiß ja, daß er Arbeitgeber ist.

VATER: Tss! Was wäre ich dann wohl nach dieser grandiosen Logik?

SOHN: Das mußt du entscheiden.

VATER: Nach dem Gesetz bin ich als Beamter weder Arbeitnehmer noch Arbeitgeber. Was sagst du nun?

SOHN: Weil du weder was gibst noch was nimmst?

Kavalier der Straße
Ingeburg Kanstein

Vater und Sohn sitzen im Wohnzimmer. Der Vater liest die Zeitung, der Junge blättert in einer Illustrierten.

SOHN: Au Mann . . .
  Du, Papa . . .
VATER: Hm? Was ist denn?
SOHN: Machst du einen Test mit mir?
VATER: Was für einen Test? Zeig mal!
SOHN: Nö – dann ist es doch nicht mehr spannend. Machst du mit? – Mach doch mit!
VATER: Ich will erst wissen, worum es geht.
SOHN: Aber hier steht extra, daß man das nicht vorher sehen darf. Ich lese dir die Fragen vor, und du mußt ja oder nein antworten. Klar?
VATER: Was heißt hier klar? Natürlich ist das klar. Aber was da drüber steht, das werde ich doch noch erfahren können? Also, wie heißt die Überschrift?
SOHN: «Sind Sie ein Kavalier der Straße?»!
VATER: Und um das zu erfahren, mußt du mit mir diesen Test machen? Was glaubst du, warum ich dich neulich mitge-

81

nommen habe, als ich den neuen Wagen eingefahren habe?

SOHN: Na ja, da bist du ja auch prima gefahren. Aber ich möchte so gern wissen, was dabei rauskommt. Bitte!

VATER: Na gut, du läßt ja doch keine Ruhe. Und damit du weißt, wie man sich als Autofahrer verhält – fang an . . .

SOHN: Also: erste Frage: Immer nur mit ja oder nein antworten. Klar? – «Bevorzugen Sie im Angebot der Autoindustrie die Sportwagen?»

VATER: Also, da muß man doch gleich . . .

SOHN: Ja oder nein?

VATER: Ja natürlich. Aber . . .

SOHN: Nur ja oder nein. Zweite Frage: «Sehen Sie sich in Zeitschriften die Autowerbung an?» Ja, hm? Machst du doch, oder?

VATER: Hm, ja – meistens. Man muß sich doch informieren.

SOHN: Also – ja. Dritte Frage: «Fahren Sie gern schnell, wenn Sie die Möglichkeit dazu haben?» Ja.

VATER: Soll ich hier antworten oder du?

SOHN: Na, das weiß ich doch. Hast du doch neulich gezeigt, als wir mit dem neuen Schlitten unterwegs waren. Also ja. Einverstanden?

VATER: Ja, ja, ja – weiter –

SOHN: Viertens: «Meinen Sie, daß Ihr Chef sich anders verhalten sollte?»

Sag doch: Soll er sich anders verhalten?

VATER: Was hat diese Frage damit zu tun, ob ich ein Kavalier der Straße bin oder nicht?

SOHN: Sie steht aber da.

Also, fällt dir dein Chef auf den Wecker, oder kannst du ihn leiden?

Der Vater räuspert sich.

VATER: Ich weiß wirklich nicht . . .

SOHN: Wenn ich mich richtig erinnere, fällt er dir schwer auf den Wecker. Manchmal kannst du nachts nicht schlafen vor lauter Wut.

VATER: Manchmal geht einem schon die Galle über.

SOHN: Also: Ja.

Nächste Frage: «Haben Sie ein Gefühl der Befreiung, wenn Sie in Ihren Wagen steigen, die Autotür zuschlagen und den Zündschlüssel betätigen?»

VATER: Ja – ja, natürlich.

SOHN: «Ärgern Sie sich, wenn ein Autofahrer vor Ihnen zu langsam fährt und Ihnen damit die freie Fahrt beschneidet?»

VATER: Also, wer würde sich darüber nicht ärgern?

SOHN: Mit der Lichthupe scheuchst du die lahmen Enten immer nach rechts, und wie die spuren!

VATER: Bis auf den Trottel in seiner buntbemalten Flohkiste!

SOHN: Ja, den hättest du fast auf die Stoßstange genommen.

VATER: Der hat mich absichtlich gebremst! Grinste auch noch in den Rückspiegel, als wir ankamen. Wenn man das erzählt, glaubt das einem keiner. Der ADAC müßte endlich durchsetzen, daß Autos unter 130 Spitze gar nicht mehr auf die Autobahn dürfen.

SOHN: Wie der an dem Laster vorbeigekrochen ist! In der Zeit wären wir schon in Lübeck gewesen . . .

Ach so ja, der Test – also: Ja, hm? Dann weiter: «Legen Sie auf die Politur Ihres Wagens besonderen Wert?»

VATER: Ja, sicher.

SOHN: «Preschen Sie an Verkehrsampeln gern als erster los?»

VATER: Weißt du doch.

SOHN: «Fühlen Sie sich zurückgesetzt, wenn ein Stärkerer Ihnen zuvorkommt?»

VATER: Wieso denn zurückgesetzt?

SOHN: Ehrlich, Papa. Du schimpfst doch immer auf die Angeber mit ihren Super-Schlitten. Ich schreibe: ja.

VATER: Meinetwegen.

SOHN: Nächste Frage.

VATER: Wie viele Fragen sind denn das noch?

SOHN: Nur noch ein paar. «Glauben Sie, daß Sie mit Ihrem Fahrzeug auf Frauen Eindruck machen?»

VATER: So ein Quatsch!

SOHN: Nein?

VATER: Ich bin doch kein Playboy.

SOHN: An Kreuzungen spielst du aber ganz gern mit dem Gaspedal, wenn du ein Mädchen siehst.

VATER: Wann hätte ich je . . . du unterstellst mir Dinge . . . da hört sich doch alles auf.

SOHN: In Lübeck hast du es ein paarmal gemacht.

VATER: Als ob ich dabei auf Mädchen geachtet hätte!

SOHN: Im Rückspiegel hast du sie dann noch beobachtet.

VATER: Ich kann mich nicht erinnern.

SOHN: Hier heißt es: «Ehe Sie diese Frage mit Ja oder Nein beantworten, geben Sie bitte noch Auskunft über die nächste.»

VATER: Einen Teufel werde ich tun. Schluß mit der Fragerei.

SOHN: «Weigert sich der Befragte, weitere Auskünfte zu erteilen, betrachten Sie Frage 9 getrost als positiv beantwortet.»

VATER: So ein Schwachsinn! Gib die Zeitung her.

SOHN: Ist doch nur ein Test.

VATER: Aber was für einer.

SOHN: Ist ja nur noch eine Frage offen, Papa. Lassen wir die neunte unbeantwortet und machen weiter. «Betrachten Sie die Festsetzung von Richtgeschwindigkeiten als einen Versuch, auf Ihre persönliche Fahrweise Einfluß zu nehmen und Sie damit zu bevormunden?»

VATER: Seien wir froh, daß es bei diesem Versuch geblieben ist. Die waren nahe daran, uns auf halbem Wege zu enteignen.

SOHN: Wieso? Wollten sie dir das Auto nehmen?

VATER: Nein, aber meine freie Entscheidung darüber, welcher Typ von Auto nun Spaß macht und welcher nicht.

SOHN: Du meinst die Geschwindigkeit.

VATER: Da hängt das eine mit dem anderen zusammen. Wir zeigen denen jetzt, was wir von solchen Versuchen halten. Bei uns geht das nicht. Noch ist es bei uns nicht wie in der DDR.

SOHN: Oder wie in Amerika . . .

VATER: Das ist doch was ganz anderes.

SOHN: Tja, jetzt kommt das Ergebnis. Sieht so aus, als ob Charly recht hat.

VATER: Was hat denn Charly schon damit zu tun, wenn du mit mir hier einen Test machst?

SOHN: Na ja, Charly hat gesagt, da fällst du mit Pauken und Trompeten durch, weil du ein Raser bist.

VATER: So, hat er das gesagt? Und woher weiß das dein Charly?

SOHN: Ooooch, ich hab ihm erzählt, wie toll du gefahren bist mit dem neuen Auto und so, was da alles passiert ist unterwegs. Und dann hat er mir erzählt, daß in dieser Zeitschrift der Test ist . . .

VATER: Du hast wohl allein überhaupt keine Einfälle mehr, worüber du dich mit deinem Vater unterhalten kannst? Ich frage mich sowieso schon, wie wir überhaupt zu der Ehre kommen, daß unser Sohn noch hier wohnt, und nicht schon längst umgezogen ist zu seinen Charlys . . .

SOHN: Au Mann, das iss'n dicker Kürbis . . .

VATER: Was ist denn? Was ist ein dicker Kürbis?

SOHN: Ich hab fünf Mark gewonnen – von Charly.

VATER: So, und womit? Hängt das auch mit diesem Test zusammen?

SOHN: Klar. Charly hat gesagt, wenn du durchfliegst, zahlt er mir zum Trost fünf Mark.

VATER: So! Und was heißt das bei euch: durchfliegen?

SOHN: Na, das Testergebnis. Hör zu: «Sie sind ein unverbesserlicher, rücksichtsloser Verkehrsteilnehmer, der im Geschwindigkeitsrausch seine berufliche und sexuelle Unzufriedenheit zu überwinden sucht und der Autowerbung mit ihren Männlichkeitssymbolen voll verfallen ist.»

Schiller ist's egal
Ursula Haucke

SOHN: Papa, Charly hat gesagt, sein Vater hat gesagt, dem Schiller ist das ganz egal, ob der Uwe ein weißes Hemd anhat oder nicht! Papa?

VATER: Was redest du da? Welcher Schiller?

SOHN: Na, der vom Theater.

VATER: Von welchem Theater? Ist das jetzt überhaupt wichtig? Du siehst doch, daß ich gerade einen Brief schreibe . . .

SOHN: Vom Theater eben. Der sich so Räubergeschichten ausgedacht hat.

VATER: Was denn? Meinst du etwa Friedrich Schiller, unseren großen deutschen Dichter?

SOHN: Weiß ich nicht. Hat der sich Räubergeschichten ausgedacht?

VATER: Unsinn. Er hat – unter anderem – ein Theaterstück geschrieben, das «Die Räuber» heißt.

SOHN: Ja, der ist das . . . Glaubst du auch, daß es dem egal ist, ob der Uwe ein weißes Hemd anhat oder nicht?

VATER: Wer ist denn überhaupt Uwe?

SOHN: Charlys Schwesters Freund. Der will aber kein weißes Hemd anziehen.

VATER: Wann will der kein weißes Hemd anziehen?

SOHN: Na, bei den Räubern. Ich meine, wenn der zu den Räubern geht. Charly sagt, sein Vater hat gesagt, er kann ruhig sein kariertes Hemd anbehalten.

VATER: Du meinst also, wenn er ins Theater geht, um sich die Räuber von Schiller anzusehen.

SOHN: Ja. Und Charly sagt, die Mutter von Uwe sagt, sie will, daß Uwe fein aussieht, aber Uwe sagt, das ist affig, und Charlys Vater sagt, dem Schiller . . .

VATER: . . . dem sei das egal, ja, das hast du bereits erwähnt.

SOHN: Ist dem Schiller das nicht egal? Ärgert der sich, wenn einer mit einem karierten Hemd zu den Räubern geht?

VATER: Also erstmal: Der Schiller kann sich darüber überhaupt nicht ärgern, der ist längst tot. Und zwar seit hundertund . . . also beinahe zweihundert Jahren . . . ungefähr.

SOHN: Ist da von dem überhaupt noch was übrig? Ich meine, Knochen und so?

VATER: Knochen! Bei Schiller geht es nicht um Knochen. Da geht es um Geist! Und sein Geist ist immer noch lebendig – bis auf den heutigen Tag!

SOHN: Spukt der jetzt?

VATER: Nein, Herrgott!
Wenn ich bei Schiller Geist sage, dann meine ich seine Arbeit, sein Werk! Das lebt sozusagen in allen weiter, die sich damit befassen, die seine Bücher lesen und seine Theaterstücke ansehen.

SOHN: Und deswegen muß man weiße Hemden anziehen?

VATER: Weswegen?

SOHN: Na, wegen dem Geist. Weil doch Geister auch immer was Weißes anhaben. Das weiß ich, ich hab ein Buch von einem Gespenst, und das hat . . .

VATER: Jetzt hör aber auf! Das ist ja nicht zum Anhören! Ich hab dir doch grad erklärt, was unter Schillers Geist zu verstehen ist.

SOHN: Hab ich nicht verstanden . . . Papa, kann ein Geist sich ärgern?

VATER: Nein . . .

SOHN: Wer ärgert sich denn dann, wenn Charlys Schwesters Freund kein weißes Hemd anhat?

VATER: Die anderen Theaterbesucher natürlich, die sich alle anständig für diesen Abend angezogen haben.

SOHN: Ist ein kariertes Hemd nicht anständig?

VATER: Anständig – anständig! Unpassend ist es. Es ist unpassend, in einem karierten Hemd ins Theater zu gehen.

SOHN: Warum ist das denn unpassend? Muß das immer zum Theater passen, was man anhat? Muß man sich auch verkleiden wie die Schauspieler?

VATER: Natürlich nicht. Du redest mal wieder daher, ohne ein bißchen nachzudenken. Es ist einfach so: Eine Theateraufführung ist sozusagen ein besonderes Ereignis, etwas, auf das man sich freut und für das man sich ein bißchen nett anzieht. Und da möchte man eben, daß auch die anderen hübsch und festlich aussehen.

SOHN: Die Räuber?

VATER: Natürlich nicht die Räuber! Ich rede nicht von den Schauspielern, sondern vom Publikum. Die Schauspieler sind schließlich nicht immer Räuber. Die stellen bei jeder Aufführung etwas anderes dar, das weißt du doch.

SOHN: Stellt das Publikum auch bei jeder Aufführung etwas anderes dar?

VATER: Das Publikum stellt natürlich überhaupt nichts dar. Das Publikum zieht sich eben nur hübsch an.

SOHN: Freuen sich da die Schauspieler? Haben die es gern, daß es hübsch aussieht, wenn sie das Publikum angucken?

VATER: Die Schauspieler gucken überhaupt nicht ins Publikum, die sind mit ihrem Spiel beschäftigt. Und wenn sie mal ins Publikum gucken, dann sehen sie gar nichts, weil sie von den starken Lampen geblendet werden, die die Bühne beleuchten.

SOHN: Aber vielleicht kommt immer das Fernsehen? Und dann kann die Mutter von Charlys Schwesters Freund sehen, ob er ein weißes Hemd anhat?

VATER: Das Fernsehen kommt natürlich nicht immer – dann brauchte ja kein Mensch mehr ins Theater zu gehen.
Sag mal, hast du nicht noch Schularbeiten zu machen?

SOHN: Nein. Papa, warum muß man denn ins Theater gehen?

VATER: Muß – muß – man muß überhaupt nicht. Aber wenn man schon geht . . . also ist das Thema jetzt vielleicht erledigt?

SOHN: Charly hat gesagt, sein Vater hat gesagt, manche gehen bloß ins Theater, um ihre feinen Sachen zu zeigen. Besonders die Frauen.

VATER: So. Da scheint Charlys Vater ja nicht viel von den Frauen zu halten.

SOHN: Und die Männer, hat Charlys Vater gesagt, wollen dann bloß mit ihren Frauen angeben. Wenn die so feine Sachen anhaben.

VATER: Meint er das? Na ja. Da wird er kaum in Gefahr sein, als Angeber zu gelten.

SOHN: Wieso?

VATER: Weil Charlys Mutter vermutlich gar keine feinen, keine so feinen Sachen hat.

SOHN: Doch. Charlys Mutter hat einen ganz neuen Pelzmantel. Schwarz, so mit lauter Löckchen.

VATER: Persianer – kann ich mir denken. Wahrscheinlich Persianer-Klaue, da gibt es immer mal Sonderangebote. Im übrigen rede ich nicht von Pelzmänteln.

SOHN: Wovon denn?

VATER: Von durch und durch eleganter, geschmackvoller Garderobe. Von – na zum Beispiel von einem Kleid, wie es das weiß-silberne von Mama ist.

SOHN: Das Lange?

VATER: Ja, das.

SOHN: Das, wo du neulich gesagt hast, sie soll's doch endlich mal anziehen! Und wozu du es ihr gekauft hast, wenn es dann überhaupt keiner sieht . . .

VATER: Was? Was soll ich gesagt haben?

SOHN: Das. Als ihr ins Theater gegangen seid.

VATER: Das wirst du wohl verwechseln.

SOHN: Gar nicht.

Du, Charly hat gesagt, sein Vater hat gesagt, ins Theater geht man, um zu lernen!

VATER: Da hat Charlys Vater vollkommen recht! Das Theater ist durchaus und in erster Linie eine Bildungsstätte. Man kann eine Menge lernen, wenn man regelmäßig ins Theater geht.

SOHN: Was denn?

VATER: Nun – in erster Linie lernt man . . . Zeitgeschichte könnte man sagen. Die Dichter haben sich ihre Geschichten schließlich nicht aus den Fingern gesogen; sie haben ihre Umgebung beobachtet und die Menschen, unter denen sie lebten. Manches gefiel ihnen und manches nicht, und . . .

SOHN: Haben die Räuber dem Schiller gefallen?

VATER: Das könnte dir so passen, was?! Nein, sie haben ihm

91

nicht gefallen! Der junge Mann, der sich den Räubern anschloß, . . . – es geht in dem Stück hauptsächlich um zwei
Brüder – und der, der sich also den Räubern anschloß, der
geht elend zugrunde. Was könnte man aus dem Stück demnach lernen?

SOHN: Weiß ich nicht.

VATER: Na, daß es sich nicht lohnt, Verbrecher zu werden zum
Beispiel.

SOHN: Und der andere?

VATER: Welcher andere?

SOHN: Der andere Bruder, der nicht Räuber war – kriegte der
'ne Belohnung?

VATER: Der . . . nein . . . der kommt auch ums Leben. Der
taugte auch nichts, d. h. im Grunde war der andere der
bessere von beiden . . .

SOHN: Der Räuber?

VATER: Ein richtiger Räuber war das ja eigentlich auch
nicht . . . also, das führt jetzt zu weit, das verstehst du auch
noch nicht.

SOHN: Nö, so wie du mir das sagst . . . kapier ich ja auch nicht,
wieso man zum Lernen fein angezogen sein muß.

VATER: Ach, laß mich jetzt in Frieden!

SOHN: Wenn ich in die Schule gehe, ziehe ich mich doch auch
nicht fein an!

VATER: In der Schule lernt man ja auch nicht zum Vergnügen.

SOHN: Wenn du fürs Theater deinen Smoking anziehst, bist du
aber alles andere als vergnügt.

VATER: Es war Premiere!

SOHN: Kann man sich da nicht vergnügen?

VATER: Natürlich kann man!

Aber manchmal findet man gewisse Konventionen eben lästig.

SOHN: Was sind denn Kon . . . ven . . . tionen?

VATER: Gesellschaftliche Gepflogenheiten, Übereinkünfte. Man kann nicht immer machen, was man gerade lieber machen würde.

SOHN: Mit kariertem Hemd ins Theater gehen, zum Beispiel?

VATER: Dich jetzt aus dem Zimmer werfen, zum Beispiel, Marsch, ab! Geh zu Mama! Ich habe zu arbeiten!

Die Datenbank
Eugen Helmlé

*Der Vater sitzt an seinem Schreibtisch und füllt Fragebogen
für eine statistische Erhebung aus.*

SOHN: Papa, Charly hat gesagt, sein Vater hat gesagt, bei den
Daten . . . was sind denn eigentlich Daten?

VATER: Moment, laß mich erst noch diese Spalte ausfüllen . . .
So! Und jetzt zu dir. Was Daten sind? Ja, Daten sind
Angaben.

SOHN: Sind dann die Leute, die die Daten haben, Angeber?

VATER: Unsinn. Du verwechselst das wieder. Gemeint sind
zum Beispiel Angaben zur Person, wie Name, Adresse, Ge-
burtsdatum, Vorstrafen, die dann auf Karteikarten festge-
halten werden.

SOHN: Und alles, was da drauf steht, das sind Daten?

VATER: Richtig.

SOHN: Und Datenbänke?

VATER: Das heißt nicht Datenbänke, sondern Datenbanken.

SOHN: Und warum?

VATER: Nun überleg doch mal richtig. Bänke sind Sitzmöbel,
Datenbänke wären also Sitzmöbel, auf denen . . .

SOHN: Angeber sitzen.

VATER: Willst du nun was wissen oder willst du nur Witze machen?

SOHN: Klar will ich was wissen, und zwar, warum bei den Datenbanken immer das Intimkonto überzogen wird. Hat Charlys Vater gesagt.

VATER: Was wird da überzogen?

SOHN: Das Intimkonto, sagt Charlys Vater.

VATER: Was sind denn das für merkwürdige Gesprächsthemen?

SOHN: Weiß ich auch nicht genau. Deshalb frage ich dich ja. Charlys Vater hat gesagt, das Intime, hat er gesagt, das müßte mehr geschützt werden.

VATER: Und darüber redet er mit euch Kindern?

SOHN: Ist ein Intimkonto dasselbe wie Intimbereich? Weil, in der Zeitung steht immer, daß man den schützen muß, mit Spray.

VATER: Ich hör wohl nicht richtig. Was lest ihr denn für Zeitungen?

SOHN: Was soll ich schon für Zeitungen lesen? Mamas Illustrierte, was denn sonst? Da steht oft 'ne ganze Seite drüber.

VATER: Worüber?

SOHN: Na, wie man seine Intimität schützt und so. Bloß verstehe ich nicht, was das mit Datenbank zu tun hat. Charly übrigens auch nicht. Charly meint, eine Datenbank, das ist vielleicht so was wie eine Samenbank, wegen der Intimität.

VATER: Das wird ja immer heiterer. Habt ihr keinen anderen Gesprächsstoff?

SOHN: Doch, aber wir sprechen eben über alles. Du, Papa, wie hat denn die Datenbank früher geheißen?

VATER: Wie soll eine Datenbank früher geheißen haben? Was

meinst du eigentlich damit?

SOHN: Weil Charly sagt, früher war das ein ganz gewöhnliches Samengeschäft . . .

VATER: Was?

SOHN: Na, die Samenbank.
Aber heute will jeder was besseres sein, meint Charly, und die nennen dann ihr Samengeschäft groß Samenbank.

VATER: Ach so. Ja, wenn Charly meint, klar.

SOHN: Waren Datenbanken früher auch Datengeschäfte?

VATER: Nein. Früher, das heißt, bevor es die Datenbanken gab, da hatte man Karteien mit Karteikarten, da stand alles Wissenswerte drauf . . .

SOHN: Worüber?

VATER: Was worüber?

SOHN: Ich meine Wissenswertes über was oder wen?

VATER: Na ja, zum Beispiel über den einzelnen Bürger, das hab ich dir vorhin schon mal gesagt, wer er ist, wo er wohnt, was er tut.

SOHN: Warum?

VATER: Was warum?

SOHN: Warum steht das alles da drauf. Wer will das wissen?

VATER: Das ist für die Behörden.

SOHN: Und warum müssen die das wissen?

VATER: Um die Bürger unseres Staates besser verwalten zu können.

SOHN: Werden alle Bürger verwaltet?

VATER: Ja.

SOHN: Ich auch?

VATER: Ja. Sag ich dir doch.

SOHN: Und von mir steht auch alles in den Karteien?

VATER: Ja, alles. Und damit jede Behörde jederzeit sieht, was

97

für ein Kerl du bist, werden alle Angaben zu deiner Person in einer Bundesdatenbank gesammelt.

SOHN: Gehören da auch meine Zeugnisse dazu?

VATER: Selbstverständlich. Und später, wenn du mal groß bist, alles über deine Versicherungen, über deine Strafmandate, deine Hobbys und was es sonst noch alles gibt.

SOHN: Und wo haben die Behörden alle diese Angaben her?

VATER: Zum großen Teil von den Bürgern selbst, schließlich muß jeder Bürger vom Tag seiner Geburt an gemeldet sein, wenn er umzieht, hat er das gefälligst mitzuteilen, er muß Fragebogen ausfüllen und so weiter und so fort.

SOHN: Was sind denn Fragebogen?

VATER: Das sind Hilfsmittel für statistische Erhebungen, die wiederum einen Teil des Datenmaterials liefern.

SOHN: Aus welchem Material sind denn die Daten?

VATER: Aus gar keinem.

SOHN: Und warum sagst du dann Datenmaterial?

VATER: Das sagt man eben so.

Und jetzt stör mich nicht länger. Du siehst doch, daß ich einen Fragebogen auszufüllen habe.

SOHN: Müssen Beamte auch Fragebogen ausfüllen?

VATER: Ja.

SOHN: Papa, warum heißen Fragebogen eigentlich Fragebogen?

VATER: Weil ein Fragebogen ein Bogen Papier ist, auf dem Fragen stehen, deshalb heißt er Fragebogen.

SOHN: Und die Fragen muß man beantworten?

VATER: Natürlich muß man das!

SOHN: Und wer stellt die?

VATER: Das ist verschieden. Das können Institute für Marktforschung sein . . .

SOHN: Warum forschen sie denn auf dem Markt?

VATER: Die forschen nicht auf dem Markt, nun stell dich mal nicht dummer an, als du bist, sondern die erforschen den Markt, das heißt, die allgemeine Wirtschaftslage, verstehst du?

SOHN: Und die machen da so Wirtschaftskontrollen, wie du manchmal.

VATER: Was mach ich?

SOHN: Wirtschaftskontrollen. Hat Mama gesagt, als du neulich nicht zum Abendessen heimgekommen bist. Du machst wohl wieder Wirtschaftskontrolle, hat sie gesagt.

VATER: Ja, ja, ist schon gut.
Wo war ich noch gleich stehengeblieben? . . . Ach so, ja, das können also Institute für Marktforschung sein, aber auch Behörden.

SOHN: Aber Charly sagt, sein Vater hat gesagt, all diese Fragen und so, das geht die Behörden überhaupt nichts an, das sind seine privaten Angelegenheiten, und was die Behörden da treiben, das gehört verboten.

VATER: Die Ansichten von Charlys Vater sind ja allmählich bekannt.

SOHN: Und die Leute, hat er gesagt, die müßte man schützen vor den Behörden, weil, ein Bekannter von ihm, der bekommt keine Arbeit mehr, weil die Behörden nämlich verlogene Geschichten über ihn erzählen.

VATER: Behörden erzählen keine Geschichten und schon gar keine verlogenen.

SOHN: Haben sie aber getan, und sie haben gesagt, der Bekannte von Charlys Vater wäre immer aufsässig und würde den Frieden stören und dem sollte man lieber keine Arbeit geben.

VATER: So, und wem haben die Behörden das . . . erzählt, wie

Charlys Vater sagt?

SOHN: Der Datenbank. Weil, der hat mal einen Prozeß gehabt, der Bekannte von Charlys Vater, mit seinem Chef, und den hat er gewonnen, und das wäre eine Schweinerei, hat Charlys Vater gesagt.

VATER: Was? Daß sein Bekannter den Prozeß gewonnen hat?

SOHN: Nein, daß die das an die Datenbank geschrieben haben und gesagt haben, er wäre streitsüchtig.

VATER: Ein Querulant wahrscheinlich, dieser Bekannte von Charlys Vater. Die Behörden müssen eben die Gesellschaft vor solchen Elementen schützen.

SOHN: Was ist denn ein Querulant?

VATER: Ein Nörgler, der hartnäckig auf sein Recht pocht!

SOHN: Und das ist nicht gut?

VATER: Ja stell dir mal vor, wenn jeder gleich zum Kadi liefe! Deshalb müssen die Behörden eben wissen, mit welchen Vögeln sie es zu tun haben. Und dazu sind solche Datenbanken geradezu ideal. Und jetzt laß mich endlich mein Formular in Ruhe ausfüllen.

SOHN: Aber du, Papa, Charly sagt, sein Vater hat gesagt, die verhökern sogar Adressen. Dürfen die das?

VATER: Wer verhökert Adressen?

SOHN: Die vom Rathaus, sagt Charly. Und jetzt kriegt sein Vater ständig Werbeprospekte für alle möglichen Sachen und er sagt, er geniert sich schon richtig vor dem Briefträger, der ihm das alles bringt. . .

VATER: Wieso geniert er sich vor dem Briefträger?

SOHN: Weiß ich ja auch nicht. Ich glaube, es ist wegen der Intimität und so, die in den Prospekten manchmal drin steht, meint Charly, und die kommen aus Flensburg oder so.

VATER: Flensburg? Das Kraftfahrt-Bundesamt verschickt keine

Prospekte!

SOHN: Und Charlys Vater hat noch gesagt, das ist nur, weil die Beamten Geschäfte machen mit seiner persönlichen Datenbank.

VATER: Erstens gibt es keine persönliche Datenbank, sondern persönliche Daten, das heißt Daten aus dem persönlichen Bereich des Bürgers, und zweitens machen Beamte nie Geschäfte.

SOHN: Aber woher haben die Geschäfte dann die Adressen her und wissen, wer Briefmarken sammelt und ein Auto hat? Charly sagt, die dürfen keine Daten verraten, und Adressen sind auch Daten, hast du vorhin selbst gesagt.

VATER: Behörden verraten keine Daten, aber sie sind verpflichtet, gewisse Informationen weiterzugeben.

SOHN: Jedem?

VATER: Natürlich nicht jedem und in der Regel auch nur auf dem Weg der Amtshilfe.

SOHN: Was für ein Weg ist denn das?

VATER: Das ist, wenn zum Beispiel eine bestimmte Behörde wissen will, ob jemand vorbestraft ist . . .

SOHN: Ah ja, oder wenn einer bei einer Demonstration dabei war, wie der Freund von Charlys Schwester, den haben sie fotografiert und dann haben sie ihn nicht in eine Schule reingelassen, obwohl die Demonstration in einer anderen Stadt gewesen und auch schon lange her ist.

VATER: Ziemlich verworren, was du da erzählst. Auf jeden Fall muß Ordnung herrschen, die Behörden müssen schließlich wissen, mit wem sie es jeweils zu tun haben, und dazu müssen sie eben ihre Informationen austauschen.

SOHN: Und warum müssen die Behörden alles wissen?

VATER: Damit sie den Bürger besser verwalten können.

SOHN: Ist verwalten soviel wie regieren?

VATER: Ja, so ungefähr. Aber jetzt sei bitte so gut und laß mich, ja?

SOHN: Jaaa. Du, Papa, warum regieren denn die Behörden und nicht die Regierung?

VATER: Natürlich regiert die Regierung. Aber das tut sie mit Hilfe der Behörden.

SOHN: Weiß die auch alle Daten?

VATER: Nein, dazu sind ja die Behörden da, das heißt, die Spezialisten dieser Behörde, und die versorgen die Regierung im Bedarfsfall mit allen nötigen Daten.

SOHN: Sind das Beamte, die Spezialisten?

VATER: Ja.

SOHN: Und wenn die mal Fehler machen?

VATER: Die machen keine Fehler.

Verdammt noch mal, jetzt habe ich wegen deiner dummen Fragerei die falsche Spalte ausgefüllt.

SOHN: Ich denke, Beamte machen keine Fehler?

Hausarbeit ist keine Arbeit
Eugen Helmlé

SOHN: Papa, Charly hat gesagt, seine Schwester hat gesagt . . .

VATER: Was hat denn diese Ziege wieder von sich gegeben?

SOHN: Charlys Schwester ist keine Ziege!

VATER: So?
Aber die Kleine von nebenan, die nennst du eine Ziege.

SOHN: Die ist ja auch doof.

VATER: Also gut, bleiben wir bei Charlys Schwester. Obwohl du zur Abwechslung auch mal was von seiner Mutter erzählen könntest. Jedenfalls ist von der selten die Rede.

SOHN: Mama kommt bei dir ja auch nicht an.

VATER: Kommt bei mir nicht an! Mann, du kannst dir vielleicht einen Blödsinn zusammenreden! Mama ist eben zurückhaltend. Und jetzt laß mich arbeiten.

SOHN: Kannst du doch im Büro.

VATER: Sag mal, hast du nicht ein eignes Zimmer?

SOHN: Ja.

VATER: Und was denkst du, wozu du das hast?

SOHN: Ja, ich geh ja schon.
Was machst du eigentlich?

VATER: Ich muß einen Artikel schreiben.

SOHN: Schon wieder?

VATER: Den schreibe ich zu meinem Privatvergnügen.

SOHN: Dann ist es auch keine Arbeit.

VATER: So? Und darf man wissen, warum nicht?

SOHN: Weil's dir Spaß macht. Und daß einem die Klotzerei
Spaß macht, das gibt's doch gar nicht.

VATER: Die was?

SOHN: Die Arbeit eben. Und was machst du mit dem Artikel?

VATER: Der ist für eine Zeitschrift, verstehst du, dort wird er
abgedruckt. Was das ist, brauche ich dir doch wohl nicht zu
erklären, oder?

SOHN: Nö, ich bin doch nicht doof.

VATER: Dann laß mich jetzt in Ruhe.

SOHN: Ja, ich laß' dich ja. Aber hast du nicht Mama helfen
wollen, die Gardinen im Wohnzimmer aufzuhängen?

VATER: Ja, wollte ich. Aber deine Mutter mußte ja zuerst ihr
Geschirr spülen. Und jetzt habe ich keine Zeit mehr. Ich hab
im Augenblick Produktiveres zu tun. Außerdem hat deine
Mutter den ganzen Tag Zeit für ihre Arbeit, da braucht sie
nicht unbedingt mich noch einzuspannen, wenn ich aus dem
Büro komme.

SOHN: Charlys Vater hilft öfter im Haushalt mit. Dem macht
das gar nichts aus.

VATER: Bei Charlys liegt die Sache ganz anders. Wenn ich nicht
irre, arbeitet Charlys Mutter, oder?

SOHN: Das tut Mama doch auch. Oder zählt die Hausarbeit
nicht?

VATER: Sicher zählt die Hausarbeit. Aber sie zählt eben doch
nicht so wie eine, na ja, sagen wir eine produktive Arbeit.

SOHN: Was ist denn eine produktive Arbeit?

VATER: Eine produktive Arbeit, das ist eine Arbeit, mit der ein

Wert geschaffen wird.

SOHN: Und deine Arbeit, ist das eine produktive Arbeit?

VATER: Ja.

SOHN: Weil du für diese Arbeit Geld bekommst und das Geld einen Wert hat?

VATER: Jaaa.

SOHN: Und deshalb ist deine Arbeit auch mehr wert als Mamas Arbeit?

VATER: Nein!! Ich habe nie gesagt, daß Mamas Arbeit weniger wert ist als meine.

SOHN: Ja, aber wo liegt dann der Unterschied?

VATER: Ach, du kannst einem den letzten Nerv rauben. Wie soll ich dir das erklären? Also, sagen wir mal so, eine Arbeit ist dann produktiv, wenn sie was einbringt, und eine Arbeit, die nichts einbringt, ist eben nicht produktiv.

SOHN: Und welche Arbeit bringt nichts ein?

VATER: Na, wenn ich zum Beispiel Gardinen aufhänge und so, das bringt nichts ein, diese Hausarbeit.

SOHN: Wieso denn?

VATER: Na, hast du schon einmal gesehen, daß Mama für ihre Hausarbeit von jemand Geld bekommt?

SOHN: Charlys Mutter bekommt Geld, und die arbeitet auch im Haushalt.

VATER: Die arbeitet bei fremden Leuten im Haushalt. Oder möchtest du vielleicht, daß deine Mutter bei fremden Leuten die Hausarbeit machen soll?

SOHN: Warum nicht? Charlys Mutter arbeitet doch auch bei fremden Leuten im Haushalt, und sie bekommt auch Geld dafür, und wenn sie Geld dafür bekommt, bringt die Hausarbeit etwas ein, und wenn sie etwas einbringt, ist sie also auch produktiv, hast du doch selbst gesagt.

105

VATER: Ja, aber doch nicht die Arbeit im eigenen Haushalt, was soll die denn einbringen? Und außerdem braucht deine Mutter nicht zu arbeiten. Eine verheiratete Frau hat ihren Unterhalt und ihren Wirkungskreis in der Familie.

SOHN: Aber Mama arbeitet doch im Haushalt, wieso sagst du dann, sie braucht nicht zu arbeiten?

VATER: Sicher arbeitet sie, aber das ist doch keine Arbeit in dem Sinne, daß sie außer Haus, bei fremden Leuten, für Geld arbeiten muß.

SOHN: Du arbeitest doch auch außer Haus, bei fremden Leuten.

VATER: Ja, schließlich ist das ja auch meine Aufgabe als Mann, daß ich das Geld für den Unterhalt der Familie verdiene.

SOHN: Warum?

VATER: Weil der Mann der Ernährer der Familie ist.

SOHN: Du ernährst doch gar nicht. Das tut Mama. Die steht in der Küche und kocht.

VATER: Und mit wessen Geld kauft sie die Lebensmittel ein?

SOHN: Ja, aber . . .

VATER: Also bin ich der Ernährer.

SOHN: Und Mama?

VATER: Setzt mein Geld in Nahrung um.

VATER: Ich habe nur gesagt, daß zunächst mal die Arbeit wichtiger ist, für die wir das Geld bekommen, von dem wir leben. Mamas Arbeit kann immer noch gemacht werden.

SOHN: Und wenn du deinen Artikel morgen schreibst, bekommst du dann weniger Geld dafür?

VATER: Nein!!

SOHN: Also.

VATER: Was also?

SOHN: Nur so.

VATER: Darf ich dann endlich?

SOHN: Nur noch eine Frage.

VATER: Ja?

SOHN: Und wenn Mama nicht wäre?

VATER: Was, wenn Mama nicht wäre?

SOHN: Müßtest du dann die Arbeit selber machen?

VATER: Welche Arbeit?

SOHN: Die Hausarbeit.

VATER: Ja. Oder ich müßte jemanden einstellen, der die Arbeit macht.

SOHN: Den müßtest du aber bezahlen?

VATER: Natürlich.

SOHN: Bezahlst du Mama auch?

VATER: Wofür?

SOHN: Na, für die Hausarbeit.

VATER: Das hätte mir gerade noch gefehlt.

SOHN: Was hätte dir noch gefehlt?

VATER: Daß ich Mama ein Gehalt zahle.

SOHN: Dann muß Mama also umsonst für dich arbeiten? Weil dir ihre Arbeit nichts wert ist.

VATER: Unsinn, Mama hat ihre Rolle in unserer Familie, so wie ich meine Rolle habe und du deine Rolle hast, das ist alles.

SOHN: Charlys Schwester sagt, Frauen spielen immer die Nebenrolle.

VATER: Charlys Schwester ist eine dumme Kuh. Außerdem wollen die Frauen ja gar nichts anderes. Schöner können die es doch gar nicht haben. Der Mann verdient das Geld, und dafür machen sie das bißchen Hausarbeit.

SOHN: Bißchen ist gut.

VATER: Na ja, vielleicht auch etwas mehr. Deine Mutter wüßte ja gar nicht, was sie den lieben langen Tag machen sollte, wenn sie ihre Hausarbeit nicht hätte.

SOHN: Aber neulich hat Mama doch gesagt, sie würde gern halbtags arbeiten gehen.

VATER: Wir haben das nicht nötig. Deine Mutter braucht nicht zu arbeiten.

SOHN: Charlys Vater hat erst auch nicht gewollt, daß Charlys Mutter arbeitet, aber dann haben sie ihn doch rumgekriegt. Aber viele Frauen, hat Charlys Schwester gesagt, lassen sich von ihren Männern immer noch für dumm verkaufen.

VATER: Dieser Schwester von Charly, der würde ich liebend gerne mal eine kleben.

SOHN: Das würde Charlys Vater auch gern, aber dazu ist sie schon zu groß, sie ist nämlich schon größer als ihr Vater. Und Charly hat gesagt, er weiß auch, warum sein Vater nicht wollte, daß seine Mutter arbeitet.

VATER: Warum?

SOHN: Weil sein Vater jetzt nicht mehr sagen kann, daß er allein das Geld verdient.

VATER: Deine Mutter braucht nicht zu arbeiten und damit basta!

SOHN: Weil du dann nicht mehr die Hauptrolle hast?

Auszubildende Stifte
Lothar Beckmann

SOHN: Papa, Charly hat gesagt, Charlys Vater hat gesagt, daß
Lehrlinge in seinem Betrieb nicht mehr zum Bierholen ge-
schickt werden dürfen.
VATER: Hoffentlich hält sich Charlys Vater auch daran – übri-
gens heißt das nicht mehr Lehrlinge, sondern Auszubildende.
SOHN: Weiß ich, hat Charlys Vater auch gesagt, aber er findet
das Quatsch.
Papa, warum heißt das denn jetzt Ausbildende?
VATER: Das heißt nicht Ausbildende, das heißt Auszubildende.
Ausbildende sind die, die ausbilden – und Auszubildende
sind die, die ausgebildet werden.
SOHN: Und warum heißt das nun Auszubildender und nicht
mehr wie früher Lehrling?
VATER: Weil das eben so ist – weil . . . weil eben der Auszubildende ausgebildet werden soll und der Bierling, äh . . . Lehr-
ling Bier holen mußte.
SOHN: Bierling – ha, ha – ja wenn der Bierling geheißen hätte,
dann hätte ich das eingesehen, aber so . . .
VATER: Übrigens: ich denke, du machst da Schularbeiten, du

109

solltest lieber an deine Ausbildung denken.

SOHN: Das ist auch Bildung, Allgemeinbildung, wenn ich mit dir über so etwas spreche. Unser Lehrer hat gesagt, man soll sich keine Gelegenheit entgehen lassen, seinen Eltern Löcher in den Bauch zu fragen.

VATER: Da müßte mein Bauch schon ein Sieb sein.

SOHN: . . . oder jedenfalls mit ihnen zu diskutieren. Und da kann ich nur noch mal sagen, daß ich Lehrling besser finde, kürzer, nicht so umständlich . . .

VATER: Also paß mal auf, da gibt es seit kurzem ein neues Gesetz, ein Berufsbildungsgesetz mit strengeren Bestimmungen als früher. Das besagt im wesentlichen, daß Lehrlinge nicht mehr von ihrem Lehrmeister ausgenutzt oder ausgebeutet werden sollen, sondern sie sollen nur noch ausgebildet werden. Und damit jeder immer wieder darauf aufmerksam gemacht wird, daß etwas anders geworden ist – verstehst du –, deshalb hat man für Lehrling das Wort Auszubildender erfunden.

SOHN: Ist das auch der Grund, warum man nicht mehr Putzfrau sagt, sondern Raumpflegerin?

VATER: Genau . . . jedenfalls so ähnlich . . . haben wir denn gar nichts mehr zu trinken im Hause . . .?

SOHN: Papa, bist du auch Ausbildender . . .?

VATER: . . . da muß doch wohl noch eine Flasche sein . . . also ich bin kein Ausbildender, weil das nur Firmen . . . oder Behörden sein können, ich bin Ausbilder oder Ausbildungsbeauftragter . . .

SOHN: Charlys Vater hat gesagt, daß das sowieso alles Blödsinn ist, die lernen heute weniger als früher . . .

VATER: Typisch, vielleicht ist das bei Charlys Vater so, das scheint mir überhaupt ein ziemlich merkwürdiger Betrieb zu sein. Denen müßte man mal die Gewerbeaufsicht auf den Hals schicken.

In meiner Abteilung jedenfalls, da müssen die Auszubildenden ganz schön ran, und Bier holen braucht da sowieso keiner, weil bei uns während der Arbeitszeit kein Bier getrunken wird . . .

SOHN: Ha, ha, und warum standen bei euch vorgestern so viele Flaschen auf dem Schreibtisch . . .?

VATER: Das war was ganz Besonderes, Jubiläum, und wann kommt so was schon mal vor . . .

SOHN: Und wer hat die Getränke geholt . . .?

VATER: Ich habe jetzt mit dir genug diskutiert, mach jetzt endlich deine Schulaufgaben fertig, das heißt . . . warte mal . . . hol mir eben noch mal zwei Flaschen Bier von der Ecke . . .

SOHN: Eben hast du gesagt, ich soll Schularbeiten machen, Mensch . . .

VATER: Deswegen kannst du doch vorher noch kurz mal ein paar Flaschen Bier holen!

SOHN: Papa, gibt es in der Familie eigentlich auch Lehrlinge?

Die Würde des Menschen
Ilse Bock

SOHN: Papa, Charly hat gesagt, sein Vater hat gesagt, die Abbildungen von nackten Frauen, die überall in den Zeitungsständen ausgestellt sind, sind eine Schweinerei!

VATER: Also, Ausdrücke lernst du von Charlys Vater! Mäßige dich mal, ja?

SOHN: Hat er aber gesagt! Und mit Kunst hätte das gar nichts zu tun!

VATER: In der Kunst werden doch schon von jeher nackte Menschen dargestellt.

SOHN: Charly hat aber gesagt, sein Vater hätte gesagt: Kunst, das wäre die Venus von Mirow, und die sähe ganz anders aus! Und das stimmt! Das habe ich selbst gesehen!

VATER: Also, Moment mal.
Erstens heißt es nicht «Venus von Mirow», sondern die «Venus von Milo»!

SOHN: Ja, richtig! Milo! Hat er auch gesagt.

VATER: Und außerdem: Woher kennst du eigentlich die Venus von Milo?

SOHN: Och, du hast so ein Buch im Schrank, da hab ich neulich mal drin geblättert. Und da war auch die Venus von Mirow . . . von Milo drin.

VATER: Soso, du blätterst also in Büchern aus meinem Schrank. Hast du auch noch in anderen Büchern aus meinem Schrank geblättert?

SOHN: Nö, nur in dem einen, wo die Venus von . . . Milo drin ist.

Und die sah ganz anders aus.

VATER: Wieso sah die anders aus?

SOHN: Die hat doch keine Arme!

VATER: Ach so, deshalb! Na ja, die hat natürlich mal Arme gehabt. Es ist das Standbild der Göttin Aphrodite, das wahrscheinlich vor etwa 2000 Jahren in Griechenland geschaffen wurde. Als man es dann vor 150 Jahren in der Stadt Melos in Griechenland, die heute Milo heißt, aus Trümmern ausgrub, waren die Arme abgebrochen. Aber daß es sich um ein großes Kunstwerk handelt bei der Venus von Milo, sieht man natürlich heute noch, obwohl sie keine Arme mehr hat.

SOHN: So alt ist die also . . . Woher weißt du das denn alles?

VATER: Man ist da schließlich ein gebildeter Mensch!

SOHN: Dann ist Charlys Vater also auch ein gebildeter Mensch?

VATER: Natürlich ist er das – wenn er die Venus von Milo kennt!

SOHN: Charly hat aber gesagt, sein Vater hätte gesagt, die Bilder von den nackten Frauen in den Zeitungsständen hätten mit der Venus von Milo überhaupt nichts zu tun. Das seien alles Kari . . . Kariku . . .

VATER: Karikaturen . . .willst du wohl sagen.

SOHN: Ja. Kariku . . . Was ist denn das eigentlich?

VATER: Karikaturen? Das sind Darstellungen von Dingen oder Menschen, die die Wesenszüge des Dargestellten so verzerrt

114

und übertrieben wiedergeben, daß das Ganze komisch und lächerlich wirkt.

SOHN: Warum macht man denn solche Bilder als Karikaturen?

VATER: Das ist doch ganz einfach! Damit die Leute hingucken sollen.

SOHN: . . . Du, Papa! Als wir vorigen Sommer am FKK-Strand waren, da waren wir doch auch alle nackt, und niemand hat geguckt.

VATER: Das ist doch ganz natürlich. Jeder weiß doch, wie Menschen aussehen.

SOHN: Die gucken also nur nach Karikaturen?

VATER: Ja! Schließlich sind wir ja wohl keine Karikaturen. Und deshalb hat eben keiner geguckt.

SOHN: Aber wenn das alles ganz natürlich ist und jeder weiß, wie Menschen aussehen, warum werden dann Abbildungen von nackten Frauen in den Zeitungsständen gezeigt?

VATER: Also, ich weiß es nicht. Es interessiert mich auch gar nicht. Und nun laß mich endlich in Ruhe. Ich habe zu tun, das siehst du doch.

SOHN: Charly hat aber gesagt, sein Vater hat gesagt, ältere Männer interessieren sich besonders dafür.

VATER: Also, nun hör mal gefälligst auf! Erstens bin ich kein älterer Mann, und außerdem kann mich dieser Vater von Charly . . . äh . . . kann mir Charlys Vater gestohlen bleiben. Was gehen mich denn solche Bilder an?

SOHN: Ich möchte jedenfalls nicht, daß so ein nacktes Bild von Mutti ausgestellt würde, und jeder könnte es angaffen! Möchtest du das etwa?

VATER: Nein, selbstverständlich nicht. Und dann sprich bitte mit etwas mehr Respekt von deiner Mutter.

SOHN: Tu ich ja gerade!

VATER: Hast du eigentlich schon deine Mathematikaufgaben gemacht?

SOHN: Nö . . .

VATER: Na also, dann beschäftige dich mal mit etwas Vernünftigem!

SOHN: Jaja . . . jaja . . . a-quadrat plus b-quadrat gleich . . . du Papa, Papa!

VATER: Was ist denn nun schon wieder? Du kannst einem heute mal wieder den Nerv töten!

SOHN: Weißt du, was Charlys Vater noch gesagt hat?

VATER: Schon wieder dieser Vater von Charly . . . Was soll Charlys Vater schon noch gesagt haben?

SOHN: Er hat gesagt, das verstößt überhaupt gegen das Grundgesetz.

VATER: Was verstößt gegen das Grundgesetz?

SOHN: Na, das Ausstellen von Karikaturen oder wie das heißt von nackten Frauen in Zeitungsständen!

VATER: Wieso denn das?

SOHN: Charlys Vater hat gesagt: Im Grundgesetz Artikel 1 heißt es: Die Würde des Menschen ist unantastbar, und der Staat ist verpflichtet, sie zu schützen . . . oder so ähnlich, glaube ich.

VATER: Richtig! Sieh mal an! Da hat Charlys Vater ja mal etwas gesagt, was tatsächlich stimmt. Und nun meint er, die Abbildungen nackter Frauen verstießen nach Artikel 1 des Grundgesetzes gegen die Würde des Menschen!

SOHN: Nö, das nicht. Nur, wie die abgebildet sind, und daß man sie an jeder Ecke in den Zeitungsständen ausstellt, hat er gesagt.

VATER: Dieser großartige Vater von Charly scheint ja in seinen Ansichten ziemlich pingelig zu sein.

SOHN: Weiß ich nicht.

Du Papa, warum stellt man denn eigentlich immer nur Bilder von nackten Frauen aus und nicht von nackten Männern?

VATER: Das würde doch keinen Menschen interessieren.

SOHN: Aber wenn man die nackten Männer nun auch so verzerrt und übertrieben abbilden würde, daß sie komisch wirken, so als . . . Karikaturen? Dann gucken die Leute doch hin, Papa?

VATER: Das fehlte uns gerade! Wir . . . als Karikaturen! Du hast doch selbst gesagt: Charlys Vater hat gesagt, nach dem Grundgesetz Artikel 1 ist die Würde des Menschen unantastbar!

SOHN: Okay, Papa! . . . Aber . . . sind denn Frauen keine Menschen?

Leistungsvergleich
Eugen Helmlé

SOHN: Papa, Charly hat gesagt, sein Vater hat gesagt, wer von seiner Hände Arbeit leben muß, ist immer beschissen dran.

VATER: Wie ist er dran?

SOHN: Beschissen. Sagt Charlys Vater.

VATER: Was Charlys Vater sagt, ist mir egal. Dir jedenfalls möchte ich dringend empfehlen, diese Vokabel schnellstens aus deinem Wortschatz zu streichen.

SOHN: Vokabel?
Was für 'ne Vokabel denn?

VATER: Stell dich nicht dümmer als du bist.

SOHN: Ehrlich!
Ich weiß nicht, was für 'ne Vokabel. Oder meinst du beschissen?

VATER: Was hab ich dir denn eben gesagt?

SOHN: Du hast Vokabel gesagt. Obwohl du beschissen gemeint hast.

VATER: Du spielst mal wieder den Hanswurst, wie? Was machen denn deine Schularbeiten?

SOHN: Die stinken mir gewaltig!

VATER: Sag mal, du hast dir da eine Ausdrucksweise angewöhnt, die ich überhaupt nicht mag.

SOHN: Pah! Du müßtest Charly erst mal hören.

VATER: Daß dieser Charly nicht der richtige Umgang für dich ist, das ist mir schon lange klar.

SOHN: Wieso?

Charly ist schwer okay.

VATER: Kannst du nicht anständig deutsch reden wie ich auch?

SOHN: Erstens ist okay anständig und zweitens ist es deutsch, und zwar neudeutsch, wie Charlys Schwester sagt.

VATER: Du mußt doch immer das letzte Wort haben!

SOHN: Ich hab dir doch nur was erklärt.

VATER: Mach lieber deine Schulaufgaben.

SOHN: Mach ich ja!

Papa?

VATER: Ja?

SOHN: Warum brauchst du denn nicht von deiner Hände Arbeit zu leben?

VATER: Arbeite ich vielleicht nicht?

SOHN: Schon.

Aber du sagst doch immer, du tust das mit dem Kopf. Also lebst du nicht von deiner Hände Arbeit.

VATER: So. Und wovon leben wir sonst, wenn nicht von meiner Arbeit?

SOHN: Von deinem Beamtengehalt.

VATER: Und was meinst du, wofür ich das bekomme?

SOHN: Weiß ich auch nicht.

VATER: Für so was rackert man sich nun ab! Los, mach deine Schulaufgaben und laß mich meine Zeitung lesen.

SOHN: Du, Papa, Charly meint, sie könnten ihr Auto wahrscheinlich nicht mehr lange halten.

VATER: Hab ich mir doch gleich gedacht.

120

Sohn: Warum?

Vater: Warum? Weil so ein Auto eben viel Geld kostet. Ohne die Reparaturen zu zählen.

Sohn: Die macht Charlys Vater selbst, da sparen sie viel.

Vater: Das ist eben der Vorteil, den ein Arbeiter hat. Er kann viel selber machen, was unsereins nicht kann.

Sohn: Sind Beamte nicht so geschickt?

Vater: Das ist keine Frage der Geschicklichkeit, sondern das hat damit zu tun, daß Arbeiter eben manuell arbeiten.

Sohn: Was heißt denn manuell?

Vater: Manuell heißt mit der Hand.

Sohn: Aber Charlys Vater sagt doch, wer mit seinen Händen arbeitet, ist besch . . .

Vater: Ja?

Sohn: Ich meine, ist bescheiden dran.

Vater: Glaub mir, diese handwerkliche Geschicklichkeit ist so gut wie Bargeld.

Sohn: Dafür verdienen Arbeiter aber weniger Geld, hat Charly gesagt.

Vater: Es gibt Arbeiter, die können sich mehr leisten als so mancher kleine Beamte. Weil die nämlich mehr verdienen.

Sohn: Aber Charlys Vater nicht.

Vater: Haben Charlys vielleicht kein Auto?

Sohn: Schon. Aber Charly hat gesagt, das Auto, das können sie sich nur leisten, weil seine Mutter mitarbeitet. Und deshalb müssen sie ja das Auto wahrscheinlich verkaufen.

Vater: So? Dann will Charlys Mutter also nicht mehr arbeiten?

Sohn: Wollen schon. Aber sie kann nicht, weil sie krank geworden ist.

Vater: Wenn sie krank ist, bekommt sie ihren Lohn mindestens sechs Wochen weiterbezahlt.

SOHN: Nö, kriegt sie nicht.

VATER: Selbstverständlich. Nach den neuen Gesetzen bekommt das jeder, vorausgesetzt natürlich, er ist in der Ren-
tenversicherung.

SOHN: Das ist es ja.

VATER: Was?

SOHN: Charly sagt, seine Mutter ist weder in der Krankenkasse
noch in sonst was.

VATER: Das gibt's ja gar nicht.

SOHN: Doch.

Charly hat's doch gesagt.

VATER: Sag mal, arbeitet Charlys Mutter vielleicht schwarz?

SOHN: Schwarz?

Im Haushalt arbeitet sie, ich glaub stundenweise.

VATER: Ach so! Ja dann kann sie natürlich keine Ansprüche
stellen.

Außerdem macht sie sich genaugenommen noch strafbar.

SOHN: Charly sagt, es ist wegen der Steuern, sonst müssen sie
noch mehr bezahlen, ich weiß auch nicht warum.

VATER: Das ist wegen der Steuerprogression. Erkläre ich dir
später mal.

SOHN: Außerdem hat Charly gesagt, seine Mutter arbeitet bei
lauter Beamten, und die hätten auch gesagt, das Geld für
Krankenkasse und so könnte man sparen, weil ja die Kasse
von Charlys Vater sowieso für sie bezahlt.

VATER: Hm, hm. Na ja, klar.

Dann wollen sie also ihre Karre jetzt verkaufen?

SOHN: Ja, weil, Charlys Mutter soll in Kur, aber wenn sie in
Kur geht, kann sie nicht mehr arbeiten, und wenn sie nicht
mehr arbeitet, verdient sie kein Geld mehr, und wenn sie

kein Geld verdient, können sie sich das Auto nicht mehr leisten.

VATER: Ich möchte wissen, warum sich diese Leute ein Auto anschaffen, wenn's vorn und hinten nicht reicht.

SOHN: Charlys Vater sagt, jeder muß das Recht haben, sich ein Auto anzuschaffen.

VATER: Das Recht schon, aber wenn ich mir etwas nicht leisten kann, muß ich eben verzichten.

SOHN: Dann müßten wir ja auch verzichten, Papa, denn neulich hast du gesagt, wir müßten uns jetzt etwas einschränken, weil wir nächstes Jahr ein neues Auto kaufen wollen.

VATER: Etwas einschränken ist was ganz anderes. Immerhin braucht deine Mutter nicht zu arbeiten. Würde ich auch gar nicht zulassen. Schließlich bin ich noch Manns genug, selbst für den Unterhalt der Familie zu sorgen.

SOHN: Und wenn Mutti mal krank wird und in Kur muß, können wir dann trotzdem unser Auto behalten?

VATER: Gott sei Dank können wir das.

SOHN: Ist ja prima.

Aber sag mal, dann geht's uns also doch besser als Charlys.

VATER: Darüber kannst du nur froh sein.

SOHN: Sicher. Nur, ungerecht ist es doch. Weil, wenn Charlys Mutter nicht in Kur geht, wird sie auch nicht gesund, und wenn sie nicht gesund ist, kann sie nicht mehr arbeiten, und wenn sie nicht mehr arbeiten kann, müssen sie ihr Auto verkaufen, wenn sie aber in Kur geht, müssen sie ihr Auto auch verkaufen, weil sie dann nicht mehr mitarbeiten kann für die Raten vom Auto und fürs Benzin und die Versicherung und so, hat Charly gesagt.

VATER: Das ist ja meine Rede: Leute, die es sich nicht leisten können, sollten sich erst gar kein Auto kaufen.

SOHN: Du, Papa, neulich hast du doch gesagt, den Arbeitern ginge es gut, sonst könnten sie sich kein Auto kaufen.

VATER: Ja und?

SOHN: Weil du jetzt sagst, sie könnten sich eigentlich gar kein Auto leisten, dann geht es ihnen also doch nicht so gut?

VATER: Natürlich geht es ihnen gut, die meisten haben ja eins.

SOHN: Wenn es ihnen gutgeht, warum kann dann Charlys Mutter nicht in Kur fahren?

VATER: Das hast du doch gerade erzählt. Sie kann nicht in Kur fahren, weil sie unbedingt ihr Auto behalten wollen.

SOHN: Dann geht es ihnen also doch nicht so gut. Jedenfalls nicht so gut wie uns. Weil Mama in Kur fahren kann, ohne daß wir unser Auto verkaufen müssen.

VATER: Ich leiste eben mehr als Charlys Vater. Das ist alles.

SOHN: Und wer mehr leistet, der hat auch mehr.

VATER: Das ist doch selbstverständlich.

SOHN: Dann scheinst du aber doch nicht allzuviel zu leisten?

VATER: Ich?

SOHN: Ja, du. Weil, unsere Nachbarn, die haben noch viel größere Autos als wir, und wenn das Auto mit der Leistung zu tun hat, dann . . .

Charly hat auch eine Schwester
Ingrid Hessedenz

Vater und Sohn gehen durch Legoland.

SOHN: Papa, Papa, was meinst du, wieviel Legosteine haben die
da verbaut?

VATER: Kann ich Sandkörner zählen?

SOHN: Na ungefähr?

VATER: Ich kann ja mal im Katalog nachsehen, aber . . . steht
nicht drin. Aber ein paar Millionen sind's, schätze ich.

SOHN: Mamma mia, in meinem Baukasten sind 500 Steine,
und der hat fast 50 Mark gekostet. Dann haben die ja ein
Vermögen ausgegeben, um die Stadt hier zu bauen!

VATER: Kann schon sein. Schau mal, hier steht der Eiffelturm.

SOHN: Der ist doch langweilig.

VATER: Was heißt hier langweilig. Mein Junge, der Eiffelturm
war eine architektonische Revolution!

SOHN: Du Papa, ich finde es langweilig hier. Da schreiben sie
groß hin «Legostadt», und dann stehen da nur so alte Schlösser und Türme und so, wo kein Mensch drin wohnen kann.
Warum bauen die denn nur so alte Schinken nach und nicht
ganz normale Häuser und so?

VATER: Alte Schinken! Mama und ich sind extra nach Paris gefahren, um den Eiffelturm zu sehen, und mein Sohn spricht von einem alten Schinken! Das sind Wahrzeichen der menschlichen Kultur, mein Junge! Der Fortschritt jeder Epoche spiegelt sich in solchen Kunstwerken. Schau dir zum Beispiel hier dies Schloß an – das ist Versailles. Da spielte sich das Schicksal Frankreichs ab – da wurde über . . .

SOHN: Nein. Das ist das Schloß von Kassel.

VATER: Unsinn, die Bauweise ist typisch. Das sieht man doch an . . .

SOHN: Da steht's doch.

VATER: Wo? Tatsächlich. Verblüffend, diese Ähnlichkeit. Das haben die Deutschen sicher kopiert.

SOHN: Wieso gibt's denn in unserer Epoche keinen Fortschritt?

VATER: Typisch. Haben keine eigenen Ideen. Kopieren einfach die Bauweise der Franzosen.

SOHN: Wie wir jetzt die Amis?

VATER: Wie kommst du denn da drauf? Das haben wir doch nicht nötig. Glaubst du, wir haben keine fähigen Architekten?

SOHN: Sie machen doch alles nach. Charlys Schwester hat gesagt, die machen alles nach. Wolkenkratzer, Zementklötze, alles Häßliche von den Amis machen sie nach!

VATER: Charlys Schwester muß es ja wissen! Natürlich, mit sechzehn muß man das ja wissen! Einer Göre von sechzehn glaubt mein Sohn mehr als seinem Vater.

SOHN: Charlys Schwester ist keine Göre! Sie ist neunzehn und . . .

VATER: Neunzehn, das gibt's doch nicht!

SOHN: Naja, sie wird neunzehn. Aber sie hat das Abitur, und

Architektur studiert sie auch, und überhaupt ist sie ganz klasse!

VATER: Mein Gott, mein Gott, ich wollte nicht die Ehre von Charlys Schwester anrühren. – Hast dich wohl in sie verliebt, was?

SOHN: Quatsch!

VATER: Mäßige dich.

SOHN: Wieso gibt es denn in unserer Epoche keinen Fortschritt?

VATER: Hat das auch Charlys Schwester gesagt?

SOHN: Quatsch! Das hast . . .

VATER: Kannst du nicht hören?

SOHN: Das hat nicht Charlys Schwester gesagt, das hast du gesagt.

VATER: Quatsch, wie käme ich dazu, so etwas zu sagen!

SOHN: Du hast gesagt, in den Bauwerken sieht man den Fortschritt von jeder Epoche, und hier stehen nur so alte Schinken und nichts von heute!

VATER: Dummerchen!

SOHN: Ich bin kein Dummerchen!

VATER: Das kommt noch, mein Junge. Wenn du in fünf oder in zehn Jahren hierherkommst, stehen sicher schon Gebäude aus unserer Zeit.

SOHN: Banken und Versicherungen.

VATER: Versicherungen?

SOHN: Hm. Charlys Schwester hat gesagt, was früher die Schlösser und Kirchen waren, sind heute die Banken und Versicherungen. Nur bei denen lassen sich die Architekten noch was einfallen.

VATER: Na ja, in gewissem Sinne hat Charlys Schwester recht. Die Banken und Versicherungen haben eben mehr Geld als

127

z. B. die Verwaltung. Aber denk mal an das Olympiastadion in München. Das ist auch ein architektonisches Ereignis. Das bauen sie sicher nach.

SOHN: Krieg ich ein Eis?

VATER: Da mußt du schon warten, bis wir unseren Rundgang gemacht haben. Der Eisstand war am Eingang.

SOHN: Och, laß uns doch zurückgehen. Ich guck sowieso nicht hin.

VATER: Das solltest du aber. Sieh mal hier, die Pyramide von Cheops. Überlege mal, was das für eine Leistung war. Da haben Tausende von Menschen jahrzehntelang daran gearbeitet. Und wie die konstruiert ist. Das muß erst mal einem einfallen!

SOHN: Charlys Schwester fällt sicher 'ne Menge ein. Charly hat gesagt, seine Schwester hat gesagt, wenn sie mal Architektin ist, dann entwirft sie nur Häuser, wo die Menschen schön drin leben können. Die Männer, hat Charlys Schwester gesagt, sind dumm und denken an nichts, was man braucht, um gut zu leben.

VATER: Wann ist sie denn fertig mit dem Studium, die große Architektin!?

SOHN: Na . . . hm . . .
Wie haben die denn die Pyramide zugemacht?

VATER: Frag doch Charlys Schwester! Na wann ist sie denn fertig? Das hast du wohl erfunden, mit dem Studium, was?

SOHN: Gar nicht. Sie hat nur noch nicht anfangen können, weil . . . weil die Männer so blöd sind, hat sie gesagt. Die wollen ihr keine Praktikumstelle geben, und die braucht sie erst, um anfangen zu können.

VATER: Jetzt langt's mir aber. Sag Charlys Schwester einen schönen Gruß, sie soll ihren Männerhaß woanders austoben, aber nicht in Gegenwart meines Sohnes!

SOHN: Aber sie hat doch recht. Wenn die Männer ihr kein Praktikum geben!

VATER: Jetzt hör mal zu. Um Architektur studieren zu können, muß man ein Praktikum auf dem Bau ableisten, und wenn ich Bauunternehmer wäre, würde ich auch keiner Frau eine Praktikantenstelle geben. Schließlich ist die Arbeit viel zu schwer für Frauen, und außerdem ist das nicht gut für die Arbeitsatmosphäre. Wenn Charlys Schwester unbedingt Architektur studieren will, dann soll sie doch Innenarchitektin werden, das ist wenigstens ein Frauenberuf.

SOHN: Braucht sie da kein Praktikum?

VATER: Doch, natürlich, aber nur beim Schreiner.

SOHN: Und da ist die Arbeit nicht so schwer, und für die Arbeitsatmosphäre ist es auch gut.

VATER: Was?

SOHN: Ach nichts. Komm, laß uns doch zurückgehen.

VATER: Wir haben Eintritt bezahlt, und jetzt schauen wir uns das auch an. – Hier, sieh mal, die Liebfrauenkirche.

SOHN: Wie gefallen dir denn die Wohnblocks bei uns?

VATER: Phantastisch! Sie dir an, wie das Portal gearbeitet ist, beispielhaft.

SOHN: Die Treppe hier kann auch niemand mit dem Rollstuhl oder dem Kinderwagen hochfahren.

VATER: Was redest du da?

SOHN: Ich hab dich gefragt, wie dir die Häuser gefallen, die du immer Sozialbauten nennst.

VATER: Was hat denn das mit einem Rollstuhl zu tun?

SOHN: Charlys Schwester hat gesagt, das wäre was, wo die Männer nie dran denken, etwas zu bauen, wo man auch im Rollstuhl oder dem Kinderwagen hinfahren kann. Überhaupt an soziale Einrichtungen würden die Männer nicht denken.

VATER: Soziale Einrichtungen! Du weißt ja nicht mal, was das ist!

Natürlich denken da die Männer dran. Wer hat denn bisher alles gebaut, Männer oder Frauen?

SOHN: Eben.

VATER: Was heißt hier eben!?

SOHN: Naja, in die Liebfrauenkirche kann man auch nicht mit dem Rollstuhl rein.

VATER: Ist doch lächerlich.

SOHN: Was sind denn soziale Einrichtungen?

VATER: Naja . . . naja zum Beispiel, daß ein Schwerbeschädigter Bewegungsfreiheit hat und so.

SOHN: Was muß Charlys Schwester denn im Praktikum machen?

VATER: So genau weiß ich das auch nicht. Auf jeden Fall körperliche Schwerarbeit, und das ist zu schwer für Frauen.

SOHN: Guck mal, da gibt's auch Eis!

VATER: Du wartest bis zum Ausgang.

SOHN: Und nachher, müssen die Architekten auch noch auf dem Bau arbeiten wie ein Bauarbeiter?

VATER: Natürlich nicht, sonst wären es ja keine Architekten. Die planen, entwerfen, überwachen usw.

SOHN: Also keine körperliche Schwerarbeit.

VATER: Nein.

SOHN: Dann kann es doch Charlys Schwester auch.

VATER: Nein.

SOHN: Warum nicht?

VATER: Weil . . . ach, das verstehst du noch nicht. Es ist eben nicht üblich! Architekt ist nun einmal ein Männerberuf!

SOHN: – Du Papa, heute morgen hat Mama gesagt, sie macht den ganzen Tag Schwerarbeit.

VATER: Was?

SOHN: Im Haushalt!

VATER: Das ist doch Unsinn.

SOHN: – Du Papa, ist für Frauen Schwerarbeit nur in Männerberufen zu schwer?

Süßer die Glocken selten klingen
Ingrid Hessedenz

Im Hintergrund: «Süßer die Glocken nie klingen.»
Vater und Sohn streiten sich.

SOHN: Papa, Papa!
VATER: Laß mich endlich in Ruhe!
SOHN: Dann sag mir doch endlich, welches Lied ich üben soll.
Ich übe doch nicht die Sachen, die du sowieso auf Band
aufnimmst. Dann hab ich sie geübt wie was Blödes, und dann
spiele ich sie doch nicht!

Das Tonband wird ausgeschaltet.

VATER: Üb, was du willst. Du kannst uns doch auch mit etwas
überraschen!
SOHN: Ja, und dann spiele ich, und dann kommt dasselbe noch
mal auf dem Tonband, und dann drückst du auf den Knopf,
was?! Schöne Scheiße!
VATER: Jetzt langt es mir aber! Raus mit dir!

Der Sohn geht, das Tonband wird wieder eingeschaltet. – Aus dem Nebenzimmer nach Tangorhythmus: Advent, Advent, ein Lichtlein brennt, erst eins, dann zwei, dann drei, dann vier, dann steht das Christkind vor der Tür, bam, bam.
Der Vater reißt die Tür auf.

VATER: Schluß! Hörst du auf!
SOHN: Ich soll euch doch überraschen, oder?

Der Sohn heult.

SOHN: Euer Scheißweihnachten! So eine Scheiße!
VATER: Sag nicht immer Scheiße. Komm mal her. Was ist denn los?

Der Sohn fängt sich langsam wieder.

SOHN: Das ist alles so eine Scheiße!
VATER: Ist ja gut, ist ja schon gut.
SOHN: So eine Scheiße ist das!
VATER: Na, hör schon auf.
SOHN: Wann kommt denn die Mutti wieder?
VATER: Wenn sie fertig ist. Bei dem Gewühle in der Stadt kann das noch lange dauern.
SOHN: Hm.
VATER: Bist du wieder klar?
SOHN: Hm.
VATER: Na also! Dann üb noch ein bißchen. Üb doch «Süßer die Glocken nie klingen», das ist Muttis Lieblingslied. Ich lösche es auf dem Tonband, ja?
SOHN: Hm.

134

VATER: Na also.

SOHN: Papa, Papa, nein das nicht. Das Lied find ich blöd. So mit «Engelein sungen» und so. Das ist doch blöd.

VATER: Engelein hin und Engelein her. Es ist Muttis Lieblingsmelodie.

SOHN: Die ist doch doof!

VATER: Sag mal, was fällt dir denn ein?

SOHN: Mensch, ich mein doch die Melodie!

VATER: Wenn du noch einmal so von Mutti sprichst, dann setzt's aber was, daß du die Engel im Himmel pfeifen hörst!

SOHN: Fest der Liebe – Fest der Hiebe.

VATER: Was?

SOHN: Nichts.

VATER: Was du gesagt hast?

SOHN: Ich hab gesagt: Weihnachtsfest – Wirtschaftsfest. Ich – das hat Charlys Vater gesagt.

Der Vater wird ruhiger.

VATER: Dem fällt auch nichts Neues mehr ein.

SOHN: Wieso?

VATER: Das hat er schon zu Ostern gesagt.

SOHN: Aber jetzt hat er's wieder gesagt.

VATER: Eben.

SOHN: Charly hat gesagt, sein Vater hat noch mehr gesagt.

VATER: Na was denn?

SOHN: Charly hat gesagt, sein Vater hat gesagt: Weihnachtsfest – Wirtschaftsfest . . .

VATER: Ja, ja.

SOHN: Weihnachtsfest – Wirtschaftsfest

Fest des Friedens – Fest des Kriegens
es schallt der Jubel – um den Rubel
für viel Geld – 'ne heile Welt.
Fest der Liebe – Fest der Hiebe . . .

VATER: Es reicht! Danke!

SOHN: Nein, geht ja noch weiter. Charly hat gesagt, das ist ein Gedicht.
Fest der Liebe – Fest der Hiebe
'n neues Kleid – die Beule bleibt
Lieb zu Gottes Sohn – welch ein Hohn
uns genüge – nur die Lüge.

VATER: Literarisch sehr wertvoll!

SOHN: Ist ja noch gar nicht zu Ende.
Stille Nacht – 'ne Bombe kracht
laßt uns ehren – mit Gewehren
Waffenruh – Pfaffenschmuh
Gottes Gnade – ist nicht – schade.

VATER: Hervorragend!

SOHN: Kann ich nicht das als Überraschung bringen?

VATER: Nein.

SOHN: Wieso denn nicht? Charly hat gesagt, das hat sein Vater selbst gemacht, das Gedicht.

VATER: Sollte Dichter werden!

SOHN: Das ist gut, nicht?

VATER: Nein.

SOHN: Wieso denn nicht?

VATER: Charly kann es ja unterm Weihnachtsbaum vortragen.

SOHN: Die haben keinen Weihnachtsbaum. Und schenken tun sie sich auch nur so ein bißchen was. Symbolisch, hat Charlys Vater gesagt.

136

VATER: Siehst du. Sei froh, daß wir das nicht so machen, sonst sähe es schlecht aus mit deinem Fahrrad.
SOHN: Krieg ich das?

Der Vater ärgert sich über seinen Patzer.

VATER: Nein, natürlich nicht!
SOHN: Hihi, jetzt hast du dich verraten.
VATER: Halt den Mund. Sag ja nichts zu Mutti. Sie freut sich so auf dein Gesicht. Ja?
SOHN: Okay.
VATER: Na, komm, such mal die Platte raus, auf der «Vom Himmel hoch, da komm ich her» drauf ist.
SOHN: Hm.
VATER: Hast du sie?
SOHN: Da.
VATER: Bitte.

Die Schallplatte wird aufgelegt.

SOHN: Du Papa, warum machst du dir denn die viele Arbeit mit dem Band? Hier auf der Platte sind doch die Lieder auch drauf. Die können wir doch auflegen.
VATER: Das ist eine Überraschung für Mutti. Auf der Schallplatte singt doch nur einer, das ist zu langweilig. Man muß sein Weihnachten individuell gestalten.
SOHN: Du Papa, warum darf ich denn das Gedicht nicht aufsagen, als Überraschung für Mutti?
VATER: Weil es schlecht ist.
SOHN: Stimmt das nicht, was Charlys Vater sagt?
VATER: Nein.

SOHN: Wieso? Neulich hast du doch selbst gesagt, der Geschäftsrummel macht dich wahnsinnig, hast du gesagt.

VATER: Das ist doch was ganz anderes. Wir feiern Weihnachten als christliches Fest. Und . . . Auf jeden Fall, bei uns ist das was anderes.

SOHN: Wieso denn? Mutti ist doch auch einkaufen.

VATER: Natürlich. Aber bei uns ist das was anderes. Wir schenken uns die Geschenke ja nicht der Geschenke wegen, sondern um uns zu zeigen, daß wir uns mögen und . . .

SOHN: Das können wir uns doch auch sagen.

VATER: Also, jetzt hör auf. Willst du dein Fahrrad, oder nicht?

SOHN: Ja klar, aber . . .

VATER: Kannst du dein Stück schon?

SOHN: Aber Papa, ich verstehe das nicht. Warum darf ich das Gedicht denn nicht aufsagen. Charly hat gesagt, sein Vater hat gesagt, Weihnachten wär überhaupt nur eine große Scheißheuchelei, und die Leute würden sich für drei Tage mögen, und dann hätten sie ein reines Gewissen, und dann würden sie wieder losschlagen, und der Krieg würde weitergehen und . . . und all das steht in dem Gedicht, und wenn das wahr ist, dann . . .

VATER: Komm, nicht alles auf einmal.
Also hör mal: einerseits hat Charlys Vater ja recht, für viele Menschen ist Weihnachten nur eine Äußerlichkeit, aber andererseits mußt du bedenken, wieviel Gutes geschieht. Die Menschen besinnen sich aufeinander. Weihnachten ist ein Fest der Liebe, der Liebe zu Gott, zu dem Nächsten . . .

SOHN: Ich bin auch ein Nächster, nicht?

VATER: Natürlich. Besinnen sich auf die Liebe zu den Nächsten . . .

SOHN: Soldaten sind auch Nächste, nicht?

VATER: Natürlich . . . zu dem Nächsten . . .

SOHN: Wieso gibt's denn dann Krieg, wenn die Soldaten auch Nächste sind? Dann müßten sich alle lieben.

VATER: An Weihnachten gibt es keinen Krieg.

SOHN: Für drei Tage.

VATER: Junge, das ist nicht so einfach! Natürlich nur für drei Tage, aber . . .

SOHN: Aber dann hat Charlys Vater doch recht, daß die Leute nur so tun, als würden sie sich lieben und . . .

VATER: Jetzt langt's mir. Das ist einfach lächerlich. Wie soll ich dir etwas erklären, wenn du mich dauernd unterbrichst? Üb dein Stück weiter!

SOHN: Papa?

VATER: Du sollst üben gehen.

SOHN: Papa, wieso hast du mich vorhin geschlagen, wenn du mich magst und ich dein Nächster bin?

VATER: Du sollst üben gehen!

Jeder ist sich selbst der Nächste
Eugen Helmlé

SOHN: Papa, Charly hat gesagt, sein Vater hat gesagt, bei uns werden die Arbeiter immer besch . . .

VATER: Ja?!

SOHN: Ich meine beschummelt.

VATER: Aha. Und von wem?

SOHN: Von den Beamten, glaub ich, oder vom Staat, das weiß ich nicht mehr so genau. Außerdem ist das doch dasselbe, hat Charly gesagt.

VATER: Deinem Freund Charly bleibt eben nichts verborgen. Aber jetzt laß mich meine Einkommensteuererklärung machen.

SOHN: Du, Papa, was ist denn eine Steuererklärung?

VATER: Eine Steuererklärung, na, laß mich mal überlegen, also, das ist, wenn man auf einem amtlichen Formular über seine Einkommensverhältnisse Auskunft gibt.

SOHN: Au, das ist aber kompliziert.

VATER: Das glaub ich auch.

SOHN: Muß jeder Beamte eine Steuererklärung machen?

VATER: Nein.

SOHN: Warum nicht?

Vater: Weil Beamte ihre Steuern direkt vom Gehalt abgezogen bekommen. Sie zahlen also Lohnsteuern, verstehst du?

Sohn: Nein. Wieso Lohnsteuern und keine Gehaltssteuern?

Vater: Weil Lohn und Gehalt im Prinzip dasselbe sind.

Sohn: Und es gibt keinen Unterschied?

Vater: Gibt's schon. Ein Beamter zum Beispiel, der bekommt Gehalt, ein Arbeiter hingegen bekommt Lohn.

Sohn: Ist Gehalt etwas Besseres als Lohn?

Vater: Nein.
Der Unterschied ist der: Gehalt wird monatlich gezahlt, Lohn aber wöchentlich oder täglich.

Sohn: Warum können die Arbeiter nicht so lange warten wie die Beamten?

Vater: Das liegt an der Nachfrage. Die Industrie ist abhängig vom Markt, also vom Verkauf. Der Staat ist unabhängig davon. Muß unabhängig sein. Er kann also mit seinen Bediensteten langfristige Verträge abschließen.

Sohn: Dann ist Gehalt doch was Besseres als Lohn.

Vater: Nicht besser, sondern sicherer.

Sohn: Sag ich ja! – Aber warum du eine Steuererklärung machen mußt, hast du mir noch immer nicht gesagt.

Vater: Weil ich Nebeneinkünfte habe.

Sohn: Was sind Nebeneinkünfte?

Vater: Das sind freiberufliche Einkünfte eines Beamten, für die er Einkommensteuer bezahlen muß.

Sohn: Ach so, Überstunden, wie bei Charlys Vater?

Vater: Nein, keine Überstunden. Die werden für denselben Arbeitgeber geleistet, bei dem man beschäftigt ist, und der zieht dann auch gleich die Steuern ab.

Sohn: Aber wofür bekommst du dann die Nebeneinkünfte?

Vater: Für die Artikel, die ich immer schreibe.

SOHN: Die schreibst du doch im Büro. Also sind's Überstunden.

VATER: Red doch keinen Unsinn. Es kommt vor, daß ich mal im Büro einen schreibe, aber die meisten schreibe ich hier.

SOHN: Und wirst du jetzt auch dafür bestraft?

VATER: Wofür?
Daß ich mal im Büro einen Artikel schreibe?

SOHN: Nein, überhaupt. Weil du nebenher noch arbeitest. Charly hat nämlich gesagt, sein Vater wird bestraft, weil er Überstunden macht.

VATER: Was sind denn das wieder für blödsinnige Behauptungen?!

SOHN: Doch, hat Charly gesagt. Und der muß es doch wissen. Sein Vater, hat er gesagt, hat das ganze Jahr über Überstunden gemacht, und dann hat er dafür soviel Steuern bezahlen müssen, daß fast nichts mehr übriggeblieben ist, wegen der Steuerprofession.

VATER: Steuerprogression. Da fällt jeder drunter, nicht nur Charlys Vater.

SOHN: Was ist denn das, Steuerprogression?

VATER: Steuerprogression also, das ist so: wer viel verdient, muß prozentual mehr Steuern bezahlen als der, der wenig verdient.

SOHN: Ist mir zu hoch.

VATER: Na ja, wenn einer meinetwegen 10000 Mark im Jahr verdient, dann zahlt er 16% seines Einkommens an Steuern, wer aber 20000 verdient, der zahlt rund 22% an Steuern.

SOHN: Und warum ist das so?

VATER: Das ist aus Gründen der Steuergerechtigkeit.

SOHN: Ist das gerecht, wenn einer 16% und der andere 22% bezahlen muß.

VATER: Ja, das ist gerecht. Damit sollen nämlich Leute, die viel verdienen, stärker belastet werden.

SOHN: Versteh ich nicht ganz.

VATER: Dann paß mal auf: wenn du nur zehn Mark hast, und mußt davon eine Mark abgeben, dann trifft dich das härter, als wenn ein anderer, der zwanzig Mark hat, drei oder vier Mark abgeben muß. Ist das klar?

SOHN: Ja, ist mir ganz klar und find ich auch gerecht. Aber Charlys Vater sagt, bei ihm ist die Steuerprogrefion ungerecht.

VATER: Progression. Natürlich. Aber als er noch nicht davon betroffen war, von der Steuerprogression, da fand er sie bestimmt gerecht.

SOHN: Weiß ich nicht. Bloß, Charly hat gesagt, wenn sein Vater heute mehr verdient als vor fünf Jahren, kann er sich doch nicht viel mehr dafür kaufen, weil alles teurer geworden ist, und weil er ja auch nur dafür mehr Geld gekriegt hat, aber dafür muß er dann gleich fünf oder zehn Prozent Steuern mehr bezahlen als vor fünf Jahren, wegen der Steuerprogression, sagt Charly. Und deshalb hat er heute fast noch weniger.

VATER: Ich möchte wissen, wann die einmal zufrieden sind!

SOHN: Manchmal meckerst du aber auch ganz schön rum. Oder behältst du doch genug übrig?

VATER: Was übrig, wovon?

SOHN: Ich meine, von deinen Überstunden, wenn die Steuern bezahlt sind.

VATER: Ich habe dir doch gesagt, daß ich keine Überstunden mache.

SOHN: Ja, ich weiß, diese Artikel. Charly hat nämlich gesagt, sein Vater will keine mehr machen, weil für das bißchen

Geld, da macht er seine Gesundheit nicht kaputt. Er geht dann lieber spazieren, wie die Beamten.

VATER: Wie die Beamten!

SOHN: Ist das viel, 40% Abzüge?

VATER: Allerdings, wenig ist das nicht. Wieso, wie kommst du auf 40%?

SOHN: Weil, Charly hat gesagt, sein Vater hat für die Überstunden 40% Abzüge.

VATER: Das gibt's doch nicht!

SOHN: Doch, das gibt's, hat Charly gesagt. Bei 6000 Mark hat sein Vater fast zweieinhalbtausend Mark für gewöhnliche Steuern und für Kirchensteuern und . . . und für den Beitrag für seine Rente später bezahlt.

VATER: Hmm. Na ja. Charlys Vater hat wohl stark nach oben aufgerundet.

SOHN: Aber Steuern mußt du auch bezahlen?

VATER: Natürlich. Das muß jeder.

SOHN: Auch Progressionssteuern?

VATER: Das heißt nicht Progressionssteuern, sondern Steuerprogression, und wie das funktioniert, habe ich dir gerade erst erklärt. Wenn ich mehr Geld verdiene, muß ich einen höheren Steuersatz bezahlen.

SOHN: Was für einen Satz?

VATER: Das ist der Prozentsatz, den man von seinem Einkommen, seinem Lohn oder Gehalt an den Staat in Form von Steuern abführen muß.

SOHN: Ach so. – Und wieviel hast du mit deinen Überstunden verdient?

VATER: Wie oft soll ich dir noch sagen, daß ich keine Überstunden mache.

SOHN: Warum nicht? Bekommst du die nicht bezahlt?

VATER: Nein. Das heißt, darum geht's ja gar nicht. Es geht um Nebeneinkünfte, und daß die nichts mit Überstunden zu tun haben, sondern mit meiner wissenschaftlichen Tätigkeit.

SOHN: Ich denke, du bist Beamter.

VATER: Natürlich bin ich das. Aber deshalb kann ich doch nach Feierabend einer wissenschaftlichen oder künstlerischen Tätigkeit nachgehen.

SOHN: Und worin besteht diese Tätigkeit genau?

VATER: Wenn ich zum Beispiel einen Roman schreibe oder auch, na, sagen wir, einen Kommentar zum Steuerrecht, zur Steuerprogression etwa.

SOHN: Und dafür kriegst du dann Geld?

VATER: Ja.

SOHN: Mensch, prima. Dann ist das doch so gut wie Überstunden. Mußt du für dieses Geld auch Steuern bezahlen?

VATER: Natürlich.

SOHN: Viel?

VATER: Kommt drauf an.

SOHN: Worauf?

VATER: Wieviel man verdient hat.

SOHN: Wieviel hast du verdient? Ich meine, nebenher.

VATER: Es werden so um die 6000 Mark gewesen sein letztes Jahr.

SOHN: Toll! Soviel wie Charlys Vater mit seinen Überstunden. Au Backe, dann mußt du ja auch soviel an Steuern und so bezahlen wie Charlys Vater.

VATER: Nein.

SOHN: Nein? Ach klar, stimmt, du mußt ja mehr bezahlen, wegen der Steuerprogression und weil du sowieso schon mehr verdienst als Charlys Vater.

VATER: Nein.

SOHN: Ich denke, du verdienst mehr? Hast du doch selber gesagt.

VATER: Sicher verdiene ich mehr. Aber ich zahle weniger Steuern.

SOHN: Wieso denn das? Du machst doch genauso Überstunden wie Charlys Vater.

VATER: Eben nicht! Wie oft soll ich dir das noch sagen? Ich bin wissenschaftlich tätig. Nebenberuflich.

SOHN: Aber du hast doch gesagt, daß du dafür Steuern bezahlen mußt wie Charlys Vater.

VATER: Muß ich auch.

SOHN: Und wieviel mußt du bezahlen?

VATER: Das weiß ich noch nicht. Wie du siehst, fülle ich gerade erst meine Steuererklärung aus.

SOHN: Woher weißt du dann, daß du weniger bezahlen mußt als Charlys Vater?

VATER: Weil die Steuern für wissenschaftliche und künstlerische Tätigkeit anders berechnet werden als Überstunden.

SOHN: Weil du Beamter bist?

VATER: Nein, das gilt auch für andere Arbeitnehmer. Falls sie nebenher eine solche Tätigkeit ausüben, was wohl nicht allzu häufig vorkommen wird.

SOHN: Müssen für Überstunden mehr Steuern bezahlt werden, weil Beamte keine Überstunden machen?

VATER: Unsinn!

SOHN: Du, Papa, was schätzt du denn, was du so an Steuern zahlen mußt für deine Wissenschaft?

VATER: Ich denke, so um die 500 Mark.

SOHN: Was, so wenig? Wo Charlys Vater weit über zweitausend bezahlt. Wie kommt denn das?

VATER: Ganz einfach. Zunächst einmal kann ich 25 % als Unkosten abziehen. Gut. Bei rund 6000 Mark bleiben also noch 4500 übrig, die versteuert werden müssen, die ich aber als Beamter nur mit 50 % zu versteuern brauche.

SOHN: Wieso denn das?

VATER: Weil diese wissenschaftliche Tätigkeit dem Wohle der Allgemeinheit dient. Das erkennt der Staat an, indem er Steuererleichterungen gewährt.

SOHN: Aber du kriegst doch Geld für diese wissenschaftliche Tätigkeit.

VATER: Allerdings. Umsonst ist der Tod, und der . . .

SOHN: . . . kostet dich das Leben. Kenn ich, den Spruch. Und das Geld, das du kriegst, dient doch deinem Wohl.

VATER: Unserem, mein Sohn, unserem.

SOHN: Trotzdem ist es ungerecht, wenn Charlys Vater für seine Überstunden so viel bezahlen muß und du für deine so wenig.

VATER: Das ist eben das Gesetz.

SOHN: Und wer macht das Gesetz?

VATER: Hab ich dir schon oft erklärt.

SOHN: Beamte, nicht wahr?

VATER: Die entwerfen es nur.

SOHN: Und prüfen tun's die Parlamentarier.

VATER: So ist es.

SOHN: Und wie viele Parlamentarier sind Beamte?

VATER: Schluß jetzt.

SOHN: Eben.

Sexualität
Eugen Helmlé

Sohn: Papa, Charly hat gesagt, sein Vater hat gesagt, die Sexualität wird bei uns . . .

Vater: Na, vergessen, was Charlys Vater gesagt hat?

Sohn: Ich glaube, Charlys Vater hat das gar nicht gesagt, es war Charlys Schwester.

Vater: Und was hat sie gesagt?

Sohn: Sie hat gesagt, bei uns wird die Sexualität immer noch unterdrückt.

Vater: So, so, hat sie das gesagt?

Und das ausgerechnet bei uns! Wo man doch keine Illustrierte mehr in die Hand nehmen kann, ohne . . .

Na ja, was da so alles geboten wird, das gehört schon fast verboten.

Sohn: Was wird denn geboten, Papa?

Vater: Das siehst du doch selbst. Halbnackte Mädchen auf jeder Seite und manchmal noch Schlimmeres.

Sohn: Ist das Sexualität, halbnackte Mädchen?

Vater: Nein, natürlich nicht. Jedenfalls nicht direkt. Frag doch nicht immer so dumm. Komm, hilf mir lieber, die Ferienbilder ins Album einzukleben.

SOHN: Was soll ich denn dazu tun? Die Bilder darf ich ja doch nicht anfassen; es heißt immer gleich, ich verschmiere alles.

VATER: Halt keine großen Volksreden und hol mir lieber mal die Schere.

SOHN: Wo ist denn die Schere?

VATER: Das mußt du Mama fragen. Lauf mal rüber in die Küche und laß sie dir geben.

SOHN: Immer ich.

VATER: Was hast du denn so lange getrieben?

SOHN: Mama wollte mir die Schere nicht geben. Sie sagt, wenn du an den Bildern rumschnippelst, schneidet sie nicht mehr. Aber ich hab sie doch bekommen.

VATER: Dazu hab ich dich ja auch weggeschickt. Gib her.

SOHN: Sag mal, Papa, was ist denn Sexualität eigentlich genau?

VATER: Wie soll ich dir das erklären? Also, Sexualität, das ist Geschlechtlichkeit.

SOHN: Ach so. – Und was ist Geschlechtlichkeit? Hat das mit Mann und Frau zu tun?

VATER: Ja, ganz richtig. Du weißt ja schon alles.

SOHN: Ist dann Sexualität, wenn man sich küßt und so?

VATER: Ja, genau. Wenn man sich sehr lieb hat, ein Mann und eine Frau, das ist Sexualität.

SOHN: Und wieso wird sie unterdrückt? Ist es nicht gut, wenn man sich lieb hat?

VATER: Sie wird auch gar nicht unterdrückt. Nur in geordneten Bahnen wird sie gehalten, verstehst du, damit die Schranken der Scham und des Gewissens nicht überrannt werden.

SOHN: Muß man sich bei der Sexualität schämen?

VATER: Nein, das muß man nicht unbedingt. Aber siehst du, zügellose Sexualität, die bedeutet immer einen Sturz in die Barbarei. Sie führt zur Unmenschlichkeit, zur sittlichen und geistigen Verrohung. Und was sie mit sich bringt, ist Not und Krankheit.

Jetzt geh mir mal aus dem Licht, damit ich den Rand hier an dem Bild abschneiden kann.

SOHN: Vorhin hast du gesagt, ich soll helfen, jetzt bin ich im Licht.

Was soll ich denn tun?

VATER: Du sollst das tun, was ich dir sage. Das ist alles.

SOHN: Du, sag mal, Papa, ist dann Sexualität etwas Böses?

VATER: Im Prinzip ist sie das nicht, solange sie der von Gott gewollten Lebenserneuerung dient.

SOHN: Dann kommt sie also vom lieben Gott?

VATER: Ja. Alles kommt von Gott.

SOHN: Und warum hat der liebe Gott die Sexualität gemacht?

VATER: Damit sich die Menschen fortpflanzen können.

SOHN: Wieso? Brauchen sie dazu die Sexualität?

VATER: Ja. Das Menschengeschlecht besteht seit Urzeiten aus Mann und Frau. Und die Sexualität, die treibt Männer und Frauen dazu, sich zu umarmen und dann Kinder zu bekommen. Denn siehst du, die Hauptsache bei der Sexualität, das ist die Nachkommenschaft.

Reich mir mal die Tüte mit den Bildern da drüben.

SOHN: Da ist sie.

VATER: Mensch, paß doch auf. Jetzt hast du sie beinahe in den Leim gelegt.

SOHN: Papa, sag mal, pflanzen sich die Pflanzen auch fort? Heißen sie deshalb Pflanzen?

VATER: Klar, auch die Pflanzen pflanzen sich fort. Aber Pflanzen kommt nicht von fortpflanzen, sondern fortpflanzen kommt von Pflanzen. Verstehst du?

SOHN: Nein. Und die Tiere, pflanzen die sich auch fort?

151

VATER: Ja, die Tiere pflanzen sich auch fort.

SOHN: Aber die Tiere sind doch keine Pflanzen, wie können sie sich dann fortpflanzen?

VATER: Fortpflanzen, das ist im übertragenen Sinne gemeint, das hat schon längst nichts mehr mit den Pflanzen zu tun.

SOHN: Und bei den Menschen ist es genau wie bei den Pflanzen und bei den Tieren?

VATER: Nein, natürlich nicht genauso. Schließlich unterscheidet sich der Mensch als die Krone der Schöpfung vom Tier, auch in der Sexualität. Weil der Mensch, im Gegensatz zum Tier, vernunftbegabt ist und eine Seele hat.

SOHN: Wie pflanzt sich denn der Mensch fort, Papa? Tut er das mit seiner Sexualität?

VATER: Weißt du was? Das läßt du dir am besten von Mama erklären, die kann das besser. Und außerdem gehst du mir jetzt auf den Wecker mit deiner Fragerei. Los, zieh ab.

SOHN: Vielleicht frag ich doch besser morgen.

VATER: Warum denn erst morgen?

SOHN: Weil, Mama hat gesagt, ich soll mich nicht mehr blicken lassen.

VATER: So, so, und warum?

SOHN: Weiß ich auch nicht.

VATER: Dann hast du doch bestimmt was angestellt.

SOHN: Nein, bestimmt nicht, Papa. Ich hab mir nur die Schere geholt.

VATER: Ich denke, Mama hat sie dir gegeben?

SOHN: Ich weiß auch nicht mehr genau.

Du, Papa, muß man für Sexualität eigentlich verheiratet sein?

VATER: Selbstverständlich. Weil nämlich die echte, die erfüllende Sexualität nur in der Ehe möglich ist. Sie ist nicht

152

Eigenzweck, sondern dient einem höheren Ziel.

SOHN: Und Kinder, haben die noch keine Sexualität?

VATER: Kinder haben noch keine Sexualität, die kommt erst später, wenn sie erwachsen und verheiratet sind.

SOHN: Und warum haben Kinder keine Sexualität?

VATER: Weil sie für Kinder schädlich wäre. Die müssen erst mal eifrig lernen, müssen in der Schule Leistungen vorweisen. Deshalb sollst du auch immer viel Sport treiben, dich kalt waschen, morgens nicht im Bett liegenbleiben, nicht untätig herumlungern und so.

SOHN: Und für die Erwachsenen, ist da die Sexualität nicht schädlich?

VATER: Wenn sie verheiratet sind und eine richtige, eine ehrfürchtige Einstellung zur Sexualität haben, dann ist sie nicht schädlich.

SOHN: Haben auch Arbeiter eine Sexualität?

VATER: Wie kommst du denn darauf?

SOHN: Weil Charly sagt, sein Vater, der drückt sich immer vor der Antwort, wenn er ihn über die Sexualität fragt. Neulich hat er ihm sogar eine geschmiert.

VATER: Da siehst du wieder den Unterschied. Wenn du was fragst, bekommst du immer erschöpfende Auskunft. Auch über Sexualität. In Arbeiterfamilien hingegen ist dieses Thema meistens tabu. Arbeiterkinder hängen da oft in der Luft.

SOHN: Ist das, weil Arbeiter müde von der Arbeit kommen?

VATER: Sag mal, wo hast du denn das wieder aufgeschnappt?

SOHN: Weil Charlys Schwester gesagt hat, wer abends müde und erschöpft von der Arbeit kommt, für den ist Sexualität zweitrangig. Und daß sie was mit Klassen zu tun hat.

VATER: Führt ihr vielleicht Gespräche über Sexualität?

SOHN: Charlys Schwester sagt, die meisten Menschen sind

153

Sexmuffel, weil sie sich nicht richtig über Sexualität informiert haben.

VATER: Jetzt hör mal gut zu.

Du wirst dich in Zukunft nicht mehr mit Charly und seiner Schwester über solche Themen unterhalten.

SOHN: Warum denn nicht?

VATER: Weil ich es dir verbiete. Weil ich das nicht will.

SOHN: Bist du auch ein Sexmuffel, Papa?

„Ick sollte ooch schon in Schule jehn. Aber se haben mir wieder nach Hause jeschickt. Ick weeß zu ville!"

Alles

von

Heinrich Zille

Fackel träger

Papa-Charly hat gesagt...

wurde zu einer der erfolgreichsten Sendereihen des Norddeutschen Rundfunks, ein wöchentlich wiederkehrendes Hörvergnügen. Vergnügliche und hintersinnige Dialoge, in denen ein achtjähriger Pfiffikus seinen mürrischen Vater mit einer entwaffnenden Logik und hartnäckiger Konsequenz durch Fragen zum bundesrepublikanischen Alltag in Verlegenheit bringt.

«Papa, Charly hat gesagt . . .»
Gespräche zwischen Vater und Sohn. rororo 1849
«Papa, Charly hat gesagt . . .»
Weitere Gespräche zwischen Vater und Sohn Band 2.
rororo 4071

rororo

Nick Knatterton

Die Abenteuer des berühmten
Meisterdetektivs   rororo Band 4033

Weitere Abenteuer des
berühmten Meisterdetektivs   rororo Band 4102

Mit Frau Meier in die Wüste
Eine Auswahl verschmidtster Reportagen
                                       rororo Band 907

Frau Meier reist weiter
Eine Auswahl verschmidtster Reportagen
                                       rororo Band 1081

Reise-ABC
Praktischer Ratgeber für
Urlaubsreisende und
Trostfibel für die
Daheimgebliebenen
rororo Band 4070

Manfred Schmidt

Neue rororos heitere

MANFRED BACHER, Der Luk und ich
Lausbubengeschichten [4377]

RICHARD GORDON, Käpt'n Ebbs Seebär und Salonlöwe
Roman [4435]

JAMES HERRIOT, Der Doktor und das liebe Vieh
Als Tierarzt in den grünen Hügeln von Yorkshire [4393]

KL. KLOOTBOOM-KLOOTWEITSCHEN, Der Carol
Schwänke aus dem Leben des ostpreußischen
Grafen Carol Sassenburg [4286]

HAJO KNEBEL, Die Pfalz wie sie lacht
Eine Sammlung pfälzischen Humors [4330]

LUDWIG MERKLE (Hg.)
Das große Hausbuch des Humors [4365]

«Papa, Charly hat gesagt...»
Neue Gespräche zwischen Vater und Sohn, Band 3 [4362]

DIRKS PAULUN, Die Waterkant wie sie lacht
Eine Sammlung norddeutschen Humors [4375]

JO HANNS RÖSLER, Mein Haus und ich [4332]

LENE VOIGT, Säk'sche Glassiger [4367]

EHM WELK, Der Pudel Simson
Geschichten und Anekdoten von Menschen und Tieren [4293]

HANS CONRAD ZANDER, Napoleon in der Badewanne
Amüsantes aus dem Müllhaufen der Geschichte [4390]

172/17